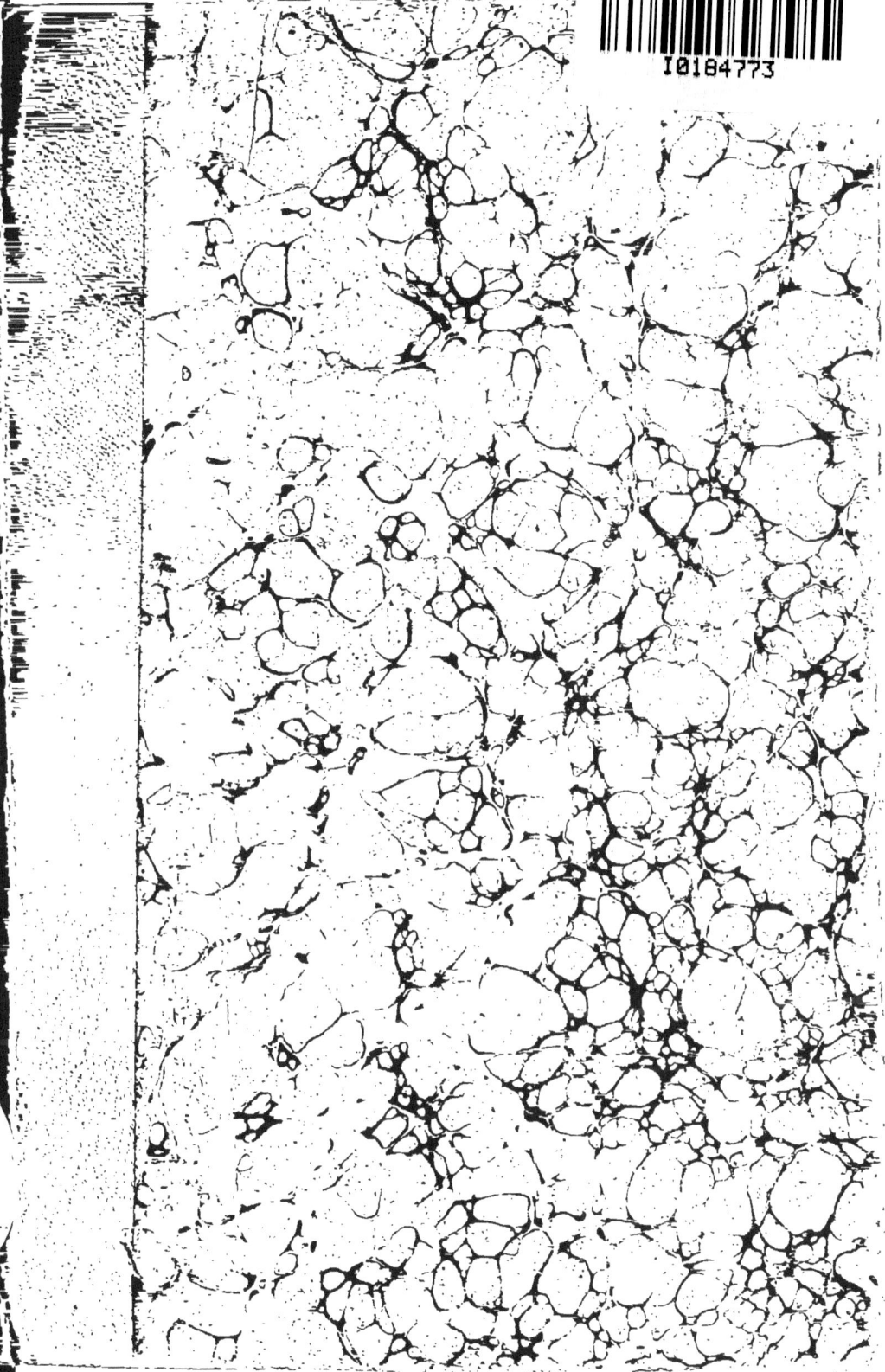

Sur Etienne Béquet littérateur

Le littérateur épicurien prévoy-
ant la chute prochaine du
ministère et de la monarchie
de Charles X, avec un coup
d'œil prophétique éclairé sans
nul doute par les diaboliques
menées de la Franc-maçonnerie
présidée par Louis-Philippe,
donna en quelque sorte le signal de la Révolution
par un article plein de
verve attristée qui émut
tout Paris et valut au
journal des Débats un
procès mémorable. Des
occupations plus compatibles
avec ses goûts d'artiste délivr-
ent Et. Béquet des fatigues
de la Presse, et il écrivit de
petits romans qui eurent presqu'
autant de vogue que Paul et

Malheureusement, saisi d'une lassitude précoce, il abandonna la carrière, où il donnait encore les meilleures espérances, et alla s'enfermer au fond d'un village dans une maison triste et solitaire. De ce jour, il vécut en érudit maniaque, relisant sans cesse les mêmes vieux auteurs, et ne se consolant de ne plus jamais écrire en buvant à l'excès. Il perdit la raison et la santé. Le 28 7bre 1838, il mourait dans une maison de fou.

LA

PRESSE PARISIENNE

MOEURS, MYSTÈRES, INTÉRÊTS, PASSIONS, CARACTÈRES,
LUTTES ET VARIATIONS DES JOURNAUX DE PARIS,

TABLEAUX CONTEMPORAINS,

SUIVIE

D'UNE NOTICE HISTORIQUE,

SUR

LOUIS ANTOINE DE FRANCE, DUC D'ANGOULÊME,

DE

LA REVUE POLITIQUE ET RELIGIEUSE,

DE L'ANNÉE 1845,

ET

D'une Lettre à la duchesse d'Orléans

Par M. ALFRED NETTEMENT.

mort en 1869

PARIS,

BUREAU DE LA LECTURE ET LA CENSURE,

RUE DE GRENELLE-SAINT-GERMAIN, 39.

CHEZ DENTU, AU PALAIS-ROYAL,

Et chez les principaux Libraires.

—

1846.

Pour avoir des détails sur les journaux depuis 1800 jusqu'à 1850 consultez les petites brochures de Castille Hippolite, auteur de la 2ᵐᵉ république. Voyez nos notes à ce sujet dans le journal le Drapeau blanc de Martainville

L'ingénieur Becquet écrivait dans le journal des Débats sous la restauration c'est lui qui écrivit ce fameux article : Malheureux Roi ! Malheureux Français qui rangea définitivement le journal des Débats sous la bannière de l'opposition et lui préparait la attitude prise bien avec le gouvernement de Juillet. Becquet finit par se retirer à la campagne et à ranger si bien ses cours dans la vie qu'il devint fou

LA

PRESSE PARISIENNE.

SITUATION DE LA FRANCE.

Essayons d'embrasser d'un rapide et impartial coup d'œil la situation de la France
au dedans et au dehors. A quoi bon exagérer
ou atténuer la vérité ? On ne la change pas en
la cachant. Les faits usent les masques dont
on veut les couvrir. Oublions donc que nous
faisons de la politique, afin de faire de l'histoire.

A l'époque de la révolution de 1830, il y avait
plusieurs systèmes en présence, et les partis
qui soutenaient ces systèmes étaient sans doute
de bonne foi dans la confiance qu'ils leur ac-
cordaient. Les uns étaient convaincus qu'il ne
s'agissait, pour donner à ce pays la prospérité
et l'influence auxquelles il a droit, que de

réaliser la charte de 1814 que, suivant eux, la restauration n'avait pu se résoudre à accepter sincèrement ; c'était là le système de M. Casimir Périer, derrière lequel se plaçait M. Guizot. Les autres pensaient qu'il fallait développer les libertés contenues dans la charte nouvelle ; c'était le système de M. Laffitte, derrière lequel s'étaient placés MM. Odilon Barrot et Thiers. La France était dans l'attente. Elle se souvenait des promesses du programme de l'opposition de quinze ans, elle espérait leur réalisation. La gloire et le bonheur à bon marché, un pouvoir fort en face d'une liberté presque sans limites, tel était le résumé de ces promesses, et le pays semblait disposé à appuyer la nuance politique qui se rapprocherait le plus des termes d'un si beau programme.

On ne saurait se le dissimuler, tout est bien changé maintenant. Le sentiment général qui règne dans le ministère, dans les chambres, dans le corps électoral, dans la presse, dans le pays, c'est un profond désenchantement. Si les quinze années pendant lesquelles dura la restauration furent employées à créer une

espèce de foi politique en certains hommes,
dans certaines idées, on peut dire que les quatorze années qui se sont écoulées depuis 1830
ont été employées à décréditer les hommes,
à dépopulariser les idées qui avaient conquis
la confiance universelle. On ne croit plus en
ceux en qui l'on croyait, on ne croit plus ce
que l'on croyait; aucune nouvelle foi politique, assez forte pour engendrer une action
puissante et efficace, n'a encore remplacé pour
les masses la foi politique qu'elles ont perdue; voilà le mot de la situation.

Peut-être en demanderez-vous la raison?
La raison en est simple. C'est que, dans le
cercle des idées et des hommes de l'opposition
de quinze ans, tout a été éprouvé, et tout a
été trouvé vain. On a commencé par croire
que le mal tenait aux hommes, et on les a
changés, — à combien de reprises? — personne ne l'ignore; les hôtels ministériels sont
devenus des auberges que les passants à por-
tefeuilles n'ont fait que traverser. On a cru
ensuite que le mal tenait au système, et on a
parlé d'appliquer un système nouveau; mais,
quand on est arrivé au fait, il ne s'est pas

trouvé de système nouveau. Tous ceux qui se sont approchés du pouvoir sont demeurés écrasés sous le poids de cette nécessité qu'ils niaient la veille, et tous ces changements, comme parle Tacite, ont amené d'autres noms sans amener d'autres hommes. Deux convictions également profondes sont alors entrées dans les intelligences, deux convictions qui font la force des mauvais ministères et l'impossibilité des bons ; ce qu'on fait est mal, en restant dans les mêmes conditions, on ne saurait faire mieux. De là vient qu'il ne reste plus que le scepticisme le plus absolu dans le ministère, en face du scepticisme presque aussi absolu qui règne dans l'opposition parlementaire.

Il y avait autrefois un homme du nom de M. Guizot, qui développait, au milieu de ses amis suspendus à ses lèvres éloquentes, tout un système de gouvernement fondé sur l'influence de la grande propriété, et emprunté en partie à l'Angleterre, en tenant compte seulement des modifications imposées par les différences qui existent dans la constitution sociale des deux nations. Il devait rallier la droite tout entière, sans laquelle il pensait qu'il était impossible de créer une de ces grandes majorités indépendantes de la cour, qui produisent un système et un ministère dans lequel elles se personnifient. Ce M. Guizot-là est mort, il ne peut plus être question de lui en politique. Vous voyez bien en effet qu'il n'y a rien de commun entre lui et cet autre M. Guizot qui, il y a quelques mois, ramassait sur l'échafaud un mot tombé en désuétude (1), même dans nos lois pénales, pour l'appliquer à cette opinion de la droite que l'autre M. Guizot voulait rallier pour lui demander un appui.

Il y avait autrefois des hommes d'opposition, comme M. Barrot et M. Thiers, qui posaient franchement la question ministérielle, qui adoptaient des programmes, faisaient des expositions de principes, ne cachaient pas qu'ils voulaient gouverner, et indiquaient dans quel sens ils gouverneraient, si l'opinion publique les appelait au pouvoir. Ces hommes-là, aussi, sont probablement morts. On n'entend plus parler d'eux, on ne les entend plus

(1.) La *flétrissure* imposée aux pèlerins de Belgrave Squarre.

1.

parler. Si quelqu'un d'entre eux, comme M. Billault, dans la question de Taïti, paraît à la tribune, c'est pour protester qu'ils n'entendent pas poser la question ministérielle, qu'ils n'aspirent pas à gouverner, qu'ils ne veulent pas gouverner. Ainsi, ils se réduisent au rôle de critiques politiques; ils ne produisent pas, ils se bornent à commenter plus ou moins malicieusement, plus ou moins violemment, le texte ministériel.

Cette tâche est facile. Comme il faut gouverner, et qu'en l'absence d'idées politiques et de mobiles moraux, il faut avoir recours à la force physique et aux mobiles matériels, le système ministériel s'est peu à peu établi à l'intérieur sur deux bases, l'intimidation et la corruption.

Le budget achète le budget. Ce mot n'a rien d'exagéré pour ceux qui savent que le nombre des emplois salariés, en France, n'est pas de beaucoup au-dessous du nombre des électeurs. Nous ne croyons pas nous tromper en affirmant qu'il y a cent quatre-vingt mille cellules disposées dans cette immense ruche d'emplois, cent quatre-vingt mille cellules dont le ministère tient la clé. Ajoutez à cela les grandes entreprises, les tronçons de chemins de fer, les travaux et les concessions de toute espèce, et les fournitures dont dispose le pouvoir, et vous vous ferez une idée des moyens de corruption qu'on peut employer dans les régions ministérielles. Quelqu'un disait sérieusement qu'on avait tort de s'étonner que le budget fût tiercé depuis 1830, attendu qu'il fallait bien cinq cents millions pour faire voter un milliard. Il y a beaucoup de bon sens dans cette ingénuité, et elle explique l'élévation progressive et extraordinaire qu'ont subie les impôts dans ces quatorze dernières années. Il faut bien intéresser au vote du budget ceux qui ont le privilége de nommer les gens qui le votent. C'est ainsi que le ministère se trouve amené à raisonner depuis que l'ascendant politique et l'influence morale lui manquent.

Si vous demeurez confondu en comptant les innombrables colonnes du budget dans des circonstances qui semblent n'avoir rien d'extraordinaire, ce n'est pas le seul objet qui puisse exciter votre étonnement. Représentez-vous un étranger qui arrive en France sans avoir aucune notion de notre situation. Il voit partout les baïonnettes reluire au soleil, on exerce les soldats, l'armée est nombreuse, la cavalerie et l'artillerie sont parfaitement organisées. Il y a telle grande ville qui compte soixante mille hommes dans ses murailles ou autour de ses murailles. — « Voilà, dit l'étranger, une nation belliqueuse et conquérante. » Et il demande de quel côté elle va porter ses armes. Est-ce sur les Alpes? sur les Pyrénées? sur le Rhin? Chacun lève les épaules, et lui répond que jamais époque ne fut moins conquérante, et qu'il ne s'agit de victoire à remporter ni sur les Alpes, ni sur les Pyrénées, ni sur le Rhin, mais de bonnes positions stratégiques à prendre sur le quai Notre-Dame ou sur le boulevard Italien. Cet homme arrive à Paris, il voit les fortifications. Alors, il demande de quelle invasion la France est menacée. Est-ce qu'une guerre européenne se prépare? Une coalition serait-elle formée? La Prusse réunit-elle sa landwer? La Russie va-t-elle vomir encore une fois ses hordes indisciplinées contre la France? On lève encore les épaules, et on lui répond que jamais on n'eut paix plus profonde, que le ministère est décidé à maintenir cette paix à tout prix, et qu'on ne reçoit du dehors que les nouvelles les plus rassurantes et les plus pacifiques. Comment donc expliquer tous ces préparatifs ? par un seul mot, l'intimidation.

L'intimidation, ce second levier de la politique intérieure du ministère, est représentée par les lois de septembre, qui pèsent si lourdement sur la liberté de la pensée; par les bastilles, qu'on a appelées avec raison un gigantesque article 14 taillé dans le granit; par une armée qui ne quitte pas le pied de guerre, quoiqu'on professe le système de la paix à tout prix. Ajoutez à cela cette fameuse liste du jury sur laquelle le préfet de la Seine exerce son contrôle, et vous commencerez à avoir une idée des instruments d'intimidation dont dispose le ministère.

Nous avons promis d'être sincères en tout, tenons notre parole. Cette terreur ne ressemble point à celle de la première révolution, elle est plutôt préventive que répressive, excepté pour la presse, qui a subi, depuis 1830, 7,523,000 francs d'amende, et 185 ans de prison!... Cette hostilité se comprend : la presse est à peu près le seul obstacle à la corruption (1) et à l'intimidation ; elle les dénonce à l'opinion publique, qui sommeille, il est vrai, dans ce moment, mais qui peut se réveiller un jour. C'est une protestation vivante et quotidienne qui n'a pas de sanction actuelle, mais qui peut trouver plus tard sa sanction.

Il faut aussi, pour ne rien omettre, faire remarquer que cette terreur préventive, sur presque toute la ligne, devient répressive quand il s'agit du parti républicain, comme lorsqu'il s'agit de la presse. Les portes de Doulens et du mont Saint-Michel, s'entr'ouvrant de temps à autre, laissent arriver à nos oreilles de lamentables plaintes et de douloureux gémissements. Les vies s'éteignent, ou

(1) Ce qui ne l'empêche pas, en même temps, d'être en principe le plus grand fléau social des temps modernes, armé à deux tranchants que la condition humaine rend d'une activité dévorante dans le mal, pendant qu'elle la laisse d'une efficacité trop douteuse dans le bien. *(Marquis de Méry de Montferrand.)*

la raison s'éclipse, dans ces prisons meur-
trières qui dévorent ceux qu'on leur confie.
Chaque jour la liste funèbre des victimes
s'augmente de quelque nouveau nom. « Il se
« meurt, il est mort, il est fou, » voilà les
sinistres variantes des nouvelles qui arrivent
de ce côté. La presse démocratique rapporte
ces détails avec une poignante exactitude,
elle peint d'une manière déchirante les an-
goisses des prisonniers, et elle fait retentir
aux oreilles du public les clameurs furieuses
des captifs dont la raison s'est perdue, et les
derniers soupirs des agonisants, qui, plus
heureux encore, ne survivront pas à la mort de
leur intelligence. Que fait le ministère ? Nie-
t-il les faits qu'on rapporte ? Non, il ne les
nie pas. Cherche-t-il à les atténuer ? Non, il
ne cherche pas à les atténuer. Pourquoi cela ?
Par un motif facile à comprendre. Si l'on craint
la presse dans les idées, le parti républicain est
celui que l'on craint le plus dans les faits. Un
mouvement dans la rue, dans l'armée, peut compromettre, détruire en un moment l'existence
du gouvernement ; le bras d'un fanatique peut
renouveler les tentatives qui, il y a peu de temps

encore, épouvantaient à chaque instant le pouvoir. Le mont Saint-Michel et Doulens sont dans la pensée du ministère un moyen d'intimidation contre le parti républicain. Tranchons le mot, c'est un enfer politique. On n'est pas fâché, dans les régions du pouvoir, qu'on sache bien qu'on est mal dans cet enfer, que les vies les plus robustes s'y usent, que les raisons les plus fermes s'y éteignent. On n'en veut donc pas à ceux qui le répètent et le prouvent. Ils attaquent le pouvoir, mais ils le servent.

Voilà donc les deux mobiles avec lesquels les doctrinaires gouvernent la France au dedans, la corruption et l'intimidation. Il reste maintenant à exposer la situation au dehors.

Dans les premiers temps de la révolution de 1830, on espérait au moins des résultats aussi merveilleux à l'extérieur qu'à l'intérieur. Il y avait sur les affaires du dehors, deux partis dans le parlement, comme pour les affaires du dedans. L'un ne parlait que d'une paix honorable qui assurerait à la France un rôle brillant et plein de grandeur : c'était celui de M. Casimir Périer. La France ne désirait pas la guerre, mais elle ne craignait pas la

guerre, disait-on. C'était à cette époque que
M, Guizot s'écriait à la tribune avec une majesté inexprimable : « C'est à nous de donner
la paix, c'est à l'Europe de la demander ; elle
l'obtiendra si elle la mérite. » L'autre parti
avait des idées plus fières et plus magnifiques
encore. Il voulait que la France se mît à la
tête des idées révolutionnaires qui se mani-
festaient sur tous les points de l'Europe, et
que, réalisant la formidable métaphore de
Georges Canning, elle ouvrît la Caverne d'Éo-
le pour donner une issue aux vents impétueux
qui portaient ses idées et son influence sur
tous les points du monde. Il fallait à l'instant
secouer les traités de 1815 comme un fardeau
et comme une injure, appuyer les insurrec-
tions italienne, espagnole, allemande, polo-
naise, accepter la Belgique, et jouer, s'il le fallait, notre dernier homme et notre dernier écu.
M. Thiers, tout au commencement de la révolution, M. Odilon Barrot, M. Mauguin, et la gauche
beaucoup plus tard, appuyèrent ce système.

Sans doute, les ministères qui se succé-
daient rapidement gouvernaient en sens opposé. Ils s'appuyaient sur l'alliance anglaise,

alliance onéreuse et usurière qui fait payer
ce qu'elle ne donne pas. En toute occasion,
ils reculaient; ils cédaient partout, en tout,
toujours. Mais il restait un espoir. On disait :
« Qu'il vienne un ministère d'opposition, et
tout sera réparé. » En 1839, le ministère d'opposition est venu. Sans doute, M. Thiers n'appartenait pas précisément à la gauche, mais
entre elle et lui, il y avait des liens. Ils
avaient des instincts communs, des passions
communes, et, dès qu'il parut aux affaires,
elle l'appuya. On allait donc enfin sortir des
vieilles ornières; une nouvelle politique allait
se produire, une politique indépendante de
l'Europe, maîtresse de son initiative; l'intimidation et la corruption deviendraient désormais inutiles; on n'a pas besoin, en effet,
d'enchaîner les corps ou de corrompre les
consciences, quand on gouverne une société
par les idées.

La nouvelle politique se produisit en effet
dans la question d'Orient. Elle revendiqua
pour la France le droit d'avoir un avis,
un intérêt, comme les autres nations de
l'Europe avaient un intérêt et un avis. Qu'ar-

riva-t-il alors? Tout le monde le sait. L'Angleterre se jeta dans les bras de l'Europe continentale, reforma en quelques jours la coalition de 1815, nous chassa de la conférence de Londres, et nous laissa dans l'isolement le plus complet. M. Thiers sembla un moment disposé à pousser les choses jusqu'au bout, il les poussa même trop loin pour la bourse des contribuables; il mit cinq cent mille hommes sous les armes, commença de sa pleine autorité les fortifications de Paris, qui, avec l'armement, coûteront un demi-milliard. Puis la tête lui tourna, il hésita, il céda, retira notre flotte de la Méditerranée, subit les injures et les menaces du cabinet de Saint-James, et fut renvoyé.

Toutes les espérances fondées sur la politique extérieure disparurent alors. On revint à la politique des concessions à l'alliance anglaise; on fut plus humble que jamais, parce qu'on avait maintenant la conscience de son impuissance. M. Guizot recommanda du haut de la tribune la modestie à la France. Il ne se contenta pas du précepte, il y ajouta l'exemple dans l'affaire du traité du droit de visite,

et dans la question de l'occupation de Taïti.
M. Guizot est moins fier que M. Thiers, mais
il est plus conséquent. Quand on ne veut pas
soutenir les querelles, il ne faut pas les enta-
mer ; et il vaut mieux rester chez soi, et donner à huis clos toutes les satisfactions récla-
mées, que d'aller sur le terrain pour reculer.
Aussi recule-t-on maintenant tout d'abord, et
fait-on l'économie des frais de courage. Les
grands succès, ce sont : une visite de la reine
Victoria à Eu ; un voyage de monseigneur le
duc de Nemours à Windsor ; un éloge donné
par sir Robert Peel à M. Guizot dans le parlement d'Angleterre. Le joug, comme tout joug
qu'on a en vain essayé de secouer, est rivé.

Les quatre termes de la politique ministérielle, à l'intérieur et à l'extérieur, sont donc
aujourd'hui la corruption et l'intimidation,
l'alliance anglaise et la paix à tout prix.

Cette situation politique, inaugurée par les
doctrinaires, se reflète naturellement dans la
situation morale du pays. Le matérialisme que
nous venons de signaler dans la politique,
descend de proche en proche dans les veines
de la société, dont il corrompt la vie. Il est

dans les mœurs, dans la littérature, au théâtre, dans les idées, dans les sentiments, dans
les faits ; il est partout, parce qu'il est au faite
des choses sociales, et que les influences sont
semblables à ces eaux dont les réservoirs sont
situés sur les plateaux élevés et sur les mon-
tagnes, et qui descendent de là par de lentes
infiltrations jusque dans les profondeurs du
sol. Vraiment, on serait tenté quelquefois de
croire que nous sommes venus au temps où la
haute société de Rome, dont parle Juvénal,
éprouvait, je ne sais quel penchant vicieux,
pour tout ce qui se rattachait aux gladiateurs,
aux histrions, aux mimes, aux cochers du
cirque, à toute cette population souillée qui
grouille dans les grandes capitales, et que les
mœurs honteuses que le christianisme nais-
sant purifia de sa douce et chaste haleine,
vont reparaître dans le monde livré au matérialisme le plus abject. En voyant ces peintu-
res hideuses, cette curieuse recherche du
crime dans ce qu'il a de plus horrible et de
plus honteux, ces caricatures ignobles, ces
parodies infâmes commises par des écrivains,
ces débauches d'esprits qui descendent aussi

avant qu'ils peuvent dans la débauche des
mœurs, et font déborder les égouts publics
dans les journaux et dans les livres, on croi-
rait assister aux derniers moments d'une de
ces prodigieuses orgies, à la fin desquelles
on fait circuler des coupes remplies d'une
liqueur corrosive pour réveiller le palais des
convives qui, blasés par les excès, ont cessé
de sentir le goût du vin.

Et quand les pasteurs de l'Église, épouvan-
tés de ce spectacle, élèvent la voix pour demander du moins que les générations nouvelles reçoivent cette éducation forte, cette éducation spiritualiste et chrétienne, qui peut
seule les mettre en état de lutter contre cette
influence corruptrice du matérialisme politique et social, on leur répond : « à bas les
Jésuites. » Le ministère lui-même est au moment de leur reprocher de vouloir déranger
un système qui chemine si admirablement
sur les quatre roues de la corruption, de l'intimidation, de l'alliance anglaise et de la paix
à tout prix, en s'écriant comme Omar : « Si
ce que vous demandez est dans le coran doctrinaire, c'est chose superflue ; si vous deman-

dez quelque chose qui n'y soit pas, c'est chose
dangereuse. »

LES JOURNAUX CONSERVATEURS.

Dans une de ses grandes batailles, Napoléon, penché sur la tête de son cheval, et sa
longue lorgnette à la main, disait aux généraux qui l'entouraient : « Je ne vois pas encore clair dans mon échiquier. » Les lecteurs
pourraient en dire autant, si on les introdui-
sait sans préparation au milieu des luttes de
la presse. Leur regard se perdrait au milieu
d'un chaos de bannières bariolées de diverses
couleurs, et, ne sachant à quel signe reconnaître les divers partis engagés dans la lutte,
eux aussi seraient en droit de dire : « Nous ne
« voyons pas clair sur notre échiquier. »

Il est donc nécessaire, après avoir donné
une idée sommaire, mais exacte, de la situation de la France, d'essayer de jeter un peu
de lumière sur ce champ de bataille des idées,
où la presse élabore les destinées de l'avenir.

Ne l'oublions pas, en effet, de crainte de méconnaître l'utilité de l'étude que nous allons faire : les faits sont dans les chambres, mais les idées sont dans les journaux; en d'autres termes, il faut prendre le présent en flagrant délit à la tribune, mais il faut chercher les germes de l'avenir dans la presse. C'est là qu'on trouve ces systèmes qui frappent à l'huis de l'histoire, pour nous servir d'une belle expression de M. de Chateaubriand, et qui, à force de frapper, se font ouvrir. Je veux en conclure que le dénombrement des journaux les plus importants, accompagné d'une définition exacte et précise du rôle qu'ils jouent dans la grande bataille intellectuelle, et de la position qu'ils y occupent, est au moins aussi utile pour l'intelligence des discussions politiques, que le dénombrement des vaisseaux des Grecs, par lequel Homère commence son épopée, peut l'être pour la lecture de l'Iliade.

Nous commencerons par partager l'empire de la presse en deux grandes provinces que nous subdiviserons ensuite, et nous emprunterons à M. de Lamartine l'idée première de la distinction que nous allons établir. M. de Lamartine a dit qu'il y avait une certaine opinion qui était avant tout dynastique, et qu'il y en avait une autre qui ne se renfermait pas dans ce cercle absolu d'une manière aussi positive. Voilà déjà une grande ligne de démarcation tracée dans la presse. Elle met d'un côté le *Moniteur*, le *Messager*, le *Moniteur parisien*, les *Débats*, la *Presse*, le *Globe*, le *Siècle*, le *Constitutionnel*, la *Revue des Deux-Mondes*, et la *Revue de Paris*; elle laisse, de l'autre, la *Réforme*, le *National*, la *Démocratie pacifique*, la *Revue indépendante*, la *Gazette de France*, la *Quotidienne*, la *France* et la *Mode*. Nous négligeons les doubles emplois, et nous ne citons que les journaux que nous ne pourrions omettre sans laisser une lacune dans cette statistique des forces de la pensée.

Partons des faits, c'est-à-dire du pouvoir. Nous avons mentionné le *Moniteur* et les autres journaux ministériels, seulement pour mémoire. Ce ne sont pas des édifices attribués à tel ou tel culte politique, ce sont des auberges banales où tout ministère a d'avance ses

2

logements préparés. Du moins, les journaux officiels devraient-ils remplir dans la presse l'office que le ministère remplit à la tribune pendant la session. On devrait trouver dans leurs colonnes une exposition élevée de la politique ministérielle, des réponses substantielles et empreintes de la connaissance des affaires, qui fussent propres à rectifier les déviations de l'opposition qui, n'étant pas initiée à la connaissance des faits et ne possédant pas toujours les documents nécessaires, est exposée à s'égarer. Mais on ne trouve rien de pareil dans le *Moniteur*, ni dans les autres feuilles dont nous avons parlé; quelques démentis froids, concis, souvent grossiers, et qui, quelquefois, ont le tort plus grave encore de ne pas être conformes à la vérité, voilà tout l'apport des feuilles officielles et semi-officielles dans les grandes discussions de la presse. Le *Moniteur* et ses acolytes ressemblent à ces oracles antiques qui affectaient de parler par monosyllabes pour donner plus de gravité à leurs paroles. C'est pour le journal officiel que semble avoir été fait ce vers :

On cherche ce qu'il dit après qu'il a parlé.

Le *Moniteur* est donc, à parler vrai, l'officier de l'état civil des gouvernements ; il enregistre les naissances et les décès avec cette impartialité de l'indifférence qu'on trouve dans les mairies. La pensée ne s'y montre nulle part, elle est regardée comme objet de contrebande ; on n'ouvre la porte qu'aux faits. Il faut donc arriver jusqu'au *Journal des Débats* pour y rencontrer ce que nous cherchons, c'est-à-dire le commencement du royaume des idées.

Qui ne connaît les précédents de ce journal ? Depuis 1800, il a tout loué, tout blâmé, tout attaqué, tout défendu, tout aimé, tout haï, tout voué à l'immortalité, tout condamné à mort. Monarchique, impérialiste, légitimiste, libéral, orléaniste, religieux, voltairien, classique, romantique, il a tout été successivement, tout, excepté républicain ; il est vrai que la république n'existait que de nom quand il a été fondé, et que, depuis, elle n'a pu parvenir à renaître. On nous demandera peut-être quelle différence il y a entre le *Journal des Débats* et le *Moniteur* ? Il y en a une très-grande. C'est une idée qui se tient toujours très-près des faits, mais c'est une idée. L'idée du *Journal des Débats*, c'est de servir d'interprète aux intérêts qui dominent les affaires, quels que soient ces intérêts, et de tirer tous les avantages possibles de cette position. Cela l'expose sans doute à exprimer tour à tour un grand nombre d'idées différentes; il a épousé successivement des intérêts et des passions très-contradictoires, mais il ne met pas sa gloire à pratiquer des actes de chasteté et de fidélité politiques. Ses divorces sont aussi nombreux et aussi éclatants que ses mariages, et, s'il faut en croire les esprits maldisants, il n'a pas fermé le cercle de ses variations.

Tant que les intérêts et les passions qui dominent lui paraissent avoir des chances de durée, il leur prête l'écho de sa vaste publicité, et le concours des plumes souples et faciles de ses écrivains. Quand ces passions et ces intérêts lui semblent avoir fait leur temps, il les abandonne et les combat avec la dernière violence. Il a mis Bonaparte debout au-dessus de César, d'Alexandre et de Charlemagne; il a mis Bonaparte tombé au-dessous d'un danseur de corde, et lui a trouvé, le lendemain du retour des Bourbons, de grandes analogies avec le crocodile. Voulez-vous un exemple moins élevé? Il a dit à M. Guizot, du temps du ministère Molé : « Vous aurez peut-être encore mon appui, mais jamais mon estime, » et il place aujourd'hui M. Guizot, non-seulement parmi les plus grands hommes d'état qui aient jamais gouverné le monde, mais au nombre des hommes les plus estimables qui aient jamais rempli un rôle sur la scène des affaires. Toutes ces expressions injurieuses ou adulatrices ont un sens très-simple; elles veulent dire que les *Débats* quittent ceux que les affaires quittent, ou qui quittent les affaires.

On objectera peut-être, pour combattre la justesse de cette appréciation, le souvenir de la conduite des *Débats* pendant la Restauration. Mais cette objection même nous fournira un argument de plus en faveur de l'opinion que nous venons de développer. Il faut considérer que la Restauration, sans parler de plusieurs fautes très-réelles qu'elle commit, eut un tort impardonnable envers le *Journal des Débats;* elle créa ou laissa créer

2.

à côté de lui un journal qui avait peut-être la prétention, au moins la réputation d'être le journal qui recevait les inspirations du chef des conseils du gouvernement royal (1). C'était élever autel contre autel, et le *Journal des Débats* ne pouvait tolérer une pareille atteinte portée à sa prérogative. Ce fut là la véritable origine de la scission avec la Restauration. Il s'attacha dès lors à faire arriver aux affaires des hommes politiques qui pussent mettre un terme à un pareil scandale, et quand, à l'époque du ministère Martignac, il accorda un appui passager et un concours exigeant au gouvernement royal, il montra bien par quel côté il avait été blessé, en réclamant l'arriéré de solde qui n'avait pas été payé aux services que certes il n'avait pas rendus, pendant qu'il attaquait la Restauration. Il fallut que la royauté payât non-seulement le ministérialisme, mais l'opposition du *Journal des Débats*, afin qu'on sût bien qu'avant tout les intérêts de la caisse devaient être saufs, et que le pouvoir, vainqueur avec

(1) La *Gazette de France.*

les *Débats*, ou vaincu par eux, devait payer les frais de la guerre.

Ces précédents éclairent complétement la position actuelle du *Journal des Débats*. Il est dans ce moment l'organe des intérêts et des idées du Château, non pas toujours des idées réelles du Château, mais des idées qu'il veut mettre en avant dans les diverses questions qui s'ouvrent. Depuis la mort des deux fondateurs de cette feuille, les deux frères Bertin, qui lui avaient toujours réservé, dans la prévision de l'imprévu, passez-nous ce terme, une sorte d'indépendance relative, cette tendance a beaucoup augmenté. Les aides-de-camp et les précepteurs se sont donné rendez-vous dans les colonnes des *Débats*, qui n'étaient plus gardées par des gens aussi habiles, et y ont fait invasion. C'est là qu'on a le plus de chance de trouver, dans ce qui est dit, ou sous ce qui est dit, la pensée dirigeante qu'il est d'un grand intérêt de connaître dans la politique. Dans les *Débats* l'opposition apprend ce que le ministère pense, et quelquefois le ministère apprend ce qu'on pense plus haut.

A côté du *Journal des Débats* une autre feuille s'est fondée dans des conditions matérielles différentes, mais avec l'intention assez clairement avouée de lui disputer la position : c'est la *Presse*. La naissance de la *Presse* a été, nous le disons sans jeu de mots, une véritable révolution dans la presse. Elle a changé toutes les conditions d'existence des journaux en réduisant de moitié le prix des feuilles quotidiennes, et la rencontre malheureuse qui coûta la vie à M. Carrel est une image de l'influence que devait exercer sur le journalisme ancien l'apparition du journalisme nouveau. Peu de mots suffiront pour expliquer cette révolution. Dans l'ancien état de choses, un journal était soutenu par ceux dont il exprimait les convictions politiques : c'était un drapeau. Il vivait de l'abonnement, c'est-à-dire de la marque d'adhésion qu'on donnait à ses doctrines. Les annonces industrielles n'étaient qu'un accessoire.

Dans l'état de choses nouveau, un journal vit par l'annonce ; les 40 ou 48 francs que paient ses abonnés suffisent à peine aux frais matériels, et les frais de rédaction, de direction, d'administration doivent être couverts d'une autre manière. Il faut donc nécessairement les demander à l'annonce. Or, pour avoir assez d'annonces pour couvrir ses frais, il faut pouvoir offrir à l'industrie une publicité plus étendue que celle que peut donner chacune des opinions politiques en particulier. Pour donner un journal à 40 et 48 francs, il faut avoir beaucoup d'annonces; pour avoir beaucoup d'annonces, il faut avoir beaucoup d'abonnés; pour avoir beaucoup d'abonnés, il faut trouver une amorce qui s'adresse à toutes les opinions à la fois, et qui substitue un intérêt de curiosité général à l'intérêt politique qui groupait naguère ceux qui adhéraient au symbole d'un journal autour de leur drapeau. C'est ainsi qu'en partant de la presse à 40 et 48 francs, et en passant par l'annonce, on arrive presque fatalement au feuilleton-roman, ou au feuilleton immoral, deux mots pour la même idée, si l'on en juge par les feuilles qui tiennent le haut bout dans le journalisme actuel.

On comprend que ces nouvelles conditions d'existence ont non-seulement singulièrement altéré la dignité du journalisme, mais ont ôté

aux journaux la franchise de leurs allures et
la netteté de leur ligne. Comme au fond il
fallait que le drapeau devînt une enseigne qui
attirât le plus grand nombre de chalands possible, on a terni l'écusson pour qu'on n'en vît
pas d'une manière trop claire les couleurs, et
l'on s'est attaché à élever des autels à l'équi-
voque contre laquelle Boileau lançait une
satire.

Dans une occasion récente, le journal même
dont nous parlons dans ce moment, *la Presse*,
a laissé voir d'une manière assez comique le
vice de cette situation. L'abonnement un peu
nomade de *la Presse* puise à trois sources
différentes : les *conservateurs*, les indifférents
et les légitimistes, qui concourent dans une
assez forte proportion à la fortune de ce
journal. Dans les temps ordinaires, *la Presse*
ne se met pas beaucoup en frais pour contenter cette partie de ses souscripteurs. Quelques hommages rendus aux vertus presque
surhumaines de madame la Dauphine, une
mention respectueuse des grâces toutes royales et des manières chevaleresques du vieux
roi Charles X, suffisent pour donner satisfac-

tion aux lecteurs indulgents de *la Presse*, qu'on régale en outre de quelques épigrammes assez finement acérées contre les ridicules et les prétentions du libéralisme qui, depuis quatorze ans qu'il est au pouvoir, n'a encore appris ni à saluer, ni à marcher, ni à s'asseoir. La plume spirituelle de madame Sophie Gay, et celle du vicomte de Launay, pseudonyme transparent assez semblable à ces gazes qui n'ont l'air de cacher que pour mieux attirer les regards sur les objets qu'elles enveloppent sans les couvrir, font merveille dans ce commerce de sentiments et d'épigrammes. On trouve le moyen de contenter tout le monde sans avoir lieu d'être mécontent soi-même. On dit au château qu'on rallie les légitimistes ; on dit ailleurs que, le cas échéant, on se rallierait sans trop de résistance à ceux-ci. En un mot, on exploite la politique en partie double, et, à l'exemple de Vespasien, qui trouvait que l'argent n'a pas d'odeur, on pense que, comme il n'a pas de cocarde, de quelque part qu'il vienne, il doit être le bien-venu.

Le voyage récent de Henri de France a troublé l'heureux repos de *la Presse*. Là, il ne s'agissait plus des vertus de madame la Dauphine, des grâces du roi Charles X, que le château lui-même n'a aucun intérêt à nier, il s'agissait d'un acte qui avait jeté les nouvelles Tuileries dans l'effroi et dans la colère. *La Presse* se trouvait donc entre son abonnement légitimiste et son abonnement conservateur. Si elle approuvait le voyage, elle rompait avec le château, dont elle a appris, en plus d'une occasion, à apprécier l'amitié ; elle perdait en même temps les abonnés qui lui viennent du milieu. Si elle attaquait le voyage, elle s'exposait à voir déserter ses abonnés légitimistes. Dans l'un et l'autre cas, son achalandage, nous voulons dire son abonnement, diminuait de moitié. Le malheureux journal était dans une perplexité terrible. Que faire ? que dire ? quel parti adopter ? Après avoir bien réfléchi, *la Presse* résolut de ne rien faire, de ne rien dire et de n'adopter aucun parti. Pour elle, le voyage de Londres fut comme un fait non avenu ; elle n'en parla ni en bien, ni en mal, elle n'en parla pas. On vit, par ce calcul étrange, un instrument de la publicité s'occuper de tout, excepté de ce qui occupait le public. Ce ne fut pas encore la fin des tribulations de *la Presse;* les feuilles légitimistes, se doutant du motif qui fermait la bouche à ce journal, lui demandèrent l'explication de son silence avec une malicieuse cruauté, et attachèrent d'autant plus de prix à connaître son opinion sur le voyage de Londres, que *la Presse* voulait la cacher. Après une longue résistance, il fallut répondre, et *la Presse* s'en tira par un galimatias où elle accommoda son respect pour le prince avec ses sentiments connus pour le Château, et où elle déplora la conduite des journaux royalistes qui avaient entraîné un prince si recommandable à faire un voyage contraire à ses intérêts, sans parler de ceux de *la Presse* qu'il mettait à une si cruelle épreuve.

Au fond, *la Presse* représente d'une manière plus spéciale la partie du centre droit qui n'est pas aussi exclusivement ministérielle que le reste. Elle a des questions réservées, comme celle de l'alliance anglaise dans laquelle elle se sépare du pouvoir; elle professe en outre une certaine indépendance dans les problèmes

3

d'économie politique. Elle passe pour avoir
des affinités avec M. Molé, et pour incliner
vers un système d'alliance continentale. Elle
cherche à innover dans le parti conservateur,
et elle décline la responsabilité de la politique
ministérielle sur plusieurs points, tout en
traitant ordinairement avec faveur le ministère. La *Presse* est un journal qui cherche à
se faire une certaine notoriété dans l'opinion,
pour faire la concurrence au *Journal des Débats*, auquel elle ne peut pardonner la préfé-
rence accordée à cette feuille dans l'affaire du
Bulletin judiciaire.

Un mot sur le *Globe* (1), et nous aurons achevé
ce que nous avions à dire sur le journalisme
conservateur. Le *Globe* est au fond le Charivari du juste-milieu; là, les vanités blessées
des centres cherchent et trouvent des repré-
sailles. Ni l'esprit, ni la verve, ni quelquefois la
raison et la science ne lui manquent, mais la
mesure lui manque toujours. Il est l'expression
des passions des autres et de ses propres passions. Quant à sa ligne, elle se compose d'une

(1) Depuis que ces pages sont écrites, le *Globe* a
cessé de paraître, et a été remplacé par l'*Époque*.

demi-douzaine de contradictions. Le *Globe* est
pour le catholicisme, cette religion de liberté,
et il défend l'esclavage dans la question colo-
niale. Il est pour le ministère qui défend le
voltairianisme universitaire, et il ne cache
pas sa sympathie pour les évêques et même
pour la Compagnie de Jésus. Il est pour la
dynastie qu'on proclama en juillet, en invo-
quant le principe de la souveraineté du peuple, et il est contre la souveraineté du peuple.
Mais le *Globe* est dans la vérité quand il fait
la guerre au faux puritanisme de la gauche
et à ses fausses vertus ; c'est un grand déni-
cheur de statues patriotiques usurpées, et on
ne peut lui reprocher sur ce point qu'une
chose, c'est d'oublier que l'épigramme elle-
même a sa dignité, et que l'énergie ne doit
pas dégénérer en violence, et la polémique
devenir un déplorable pugilat.

Peut-être nous demandera-t-on, en termi-
nant, comment le pouvoir peut avoir pour
organes tous ces journaux qui sont en contra-
diction les uns avec les autres, et sur beaucoup
de points avec eux-mêmes, et qui soutien-
nent des opinions opposées dans la plu-

part des questions? Nous répondrons à cela par un souvenir historique : Cromwel, qui était un habile homme, avait, quand il mourut, des aumôniers tirés de toutes les sectes qui se partageaient l'Angleterre. Peut-être, s'il eût vécu de nos jours, aurait-il eu des journaux au lieu d'aumôniers.

LES JOURNAUX DE L'OPPOSITION DYNASTIQUE.

Dans le tableau général de la presse que nous esquissons ici, nous nous sommes arrêté aux journaux du centre droit, et nous n'avons pas achevé le chapitre de la presse dynastique. En effet, elle offre deux nuances bien distinctes, quoiqu'elles se confondent dans l'unité d'un même dévouement envers l'état de choses établi. Il y a dans la presse une gauche dynastique comme une droite dynastique, et chacune des deux nuances cherche à attirer le pouvoir dans son sens, ou plutôt, lui prête l'apparence de deux systèmes, selon qu'il incline vers l'un ou l'autre des deux fatalités politiques entre lesquelles il semble placé, quoiqu'en réalité il n'y ait qu'un système, qui demeure immuable sous deux enseignes différentes.

Il faut bien se rendre compte du mécanisme de la situation de la France, pour comprendre ce double jeu des deux nuances de la presse dynastique.

Il y a deux nécessités qui font tour à tour sentir leur empire : la nécessité de rendre à la France les frontières qui lui manquent, de la relever de l'état d'infériorité extérieure, d'abaissement continu, pour nous servir d'un mot consacré, où elle est tombée, et, en même temps, de développer les principes de liberté proclamés en 1830. Cette nécessité appelle le ministère Thiers aux affaires. Pour atteindre le but qui lui est marqué, il faudrait que le ministère Thiers s'appuyât sur un système d'alliances monarchiques, ou sur la proclamation des nationalités particulières, proclamation faite par la France placée en dehors des circonstances révolutionnaires qui rendent de pareils appels à la fois suspects et dangereux. Or, comme le ministère Thiers n'a pas cet appui, et qu'il est placé dans des circonstances toutes différentes, il est réduit à chercher à intimider les cabinets étrangers en évoquant les passions et les idées révolutionnaires, et le moment arrive où il fait apparaître devant la France les images de propagande, d'anarchie, de guerre universelle et d'invasion. Alors, comme il menace tous les intérêts, il tombe sous la réaction universelle de leurs craintes, et la seconde nécessité, celle de rendre aux intérêts la sécurité qui leur échappe, d'éloigner les chances d'une conflagration universelle, et de donner satisfaction aux idées d'ordre et de conservation au dedans, amène le ministère Guizot.

Pour accomplir l'œuvre qui motive sa venue, il faudrait que le ministère Guizot s'appuyât sur les principes monarchiques qui donnent aux pouvoirs une force morale incomparable, parce qu'ils leur assurent une existence incontestée, et qui préservent le dehors comme le dedans des bouleversements révolutionnaires. Cet appui manquant à M. Guizot, il est réduit à obtenir, par des concessions sans dignité, la tolérance de l'Europe dans le sein de laquelle il ne saurait trouver d'alliance, tandis que, d'un autre côté, ne pouvant établir l'ordre moral à l'intérieur, il exagère les moyens d'ordre matériel, et inhabile à fonder une monarchie paisible dans sa force, il cherche à établir une dictature armée de lois menaçantes et d'un arbitraire terrible. Alors l'honneur national s'émeut, les libertés s'inquiètent, les passions révolutionnaires exploitent ces émotions et ces inquiétudes, M. Guizot tombe devant cette réaction, et l'on voit reparaître M. Thiers.

Ce qu'il y a de remarquable, c'est que la venue de ces deux ministres est parfaitement motivée. Le nom de M. Thiers répond, au fond, à la nécessité de faire retrouver à la France la place qui lui appartient en Europe; le nom de M. Guizot à la nécessité d'établir le pouvoir dans des conditions de force, et de donner des garanties à l'ordre public menacé. Ces deux problèmes sont réels, seulement les deux ministères qui se présentent pour les résoudre sont deux solutions fausses, au lieu de deux solutions vraies; il y a donc deux situations vraies sous deux ministères faux. Il importe que la France, sous peine de périr, sorte de l'humiliation, de l'isolement et de l'infimité ; mais c'est une mauvaise porte, pour en sortir, que la guerre de propagande et d'anarchie. Il faut que la France, sous peine de périr, sorte des incertitudes d'un pouvoir sans initiative et sans solidité, de l'agitation passionnée que la révolution répand au dedans, et des provocations téméraires qu'elle jette au dehors, comme de l'instabilité qui ruine ses intérêts, mais c'est une mauvaise porte, pour en sortir, que la corruption, l'intimidation, les bastilles et le système des conditions déshonorantes qui finiraient par compromettre l'existence même du pays, après avoir compromis sa dignité.

De même qu'il y a, dans la Chambre, deux nuances dynastiques personnifiées en deux hommes qui ont cela de différent, qu'ils se présentent au nom de deux intérêts distincts, pour résoudre le problème politique de l'époque, et cela de pareil qu'également impuissants à résoudre ce problème, ils ne peuvent, ils ne veulent rien changer au *statu quo,* dans la crainte d'ébranler l'établissement dynastique, de même, il y a dans la presse deux nuances qui, jouant le même rôle, s'adressent à

ces deux ordres d'idées, à ces deux systèmes
d'intérêts, sans pouvoir, sans vouloir les sa-
tisfaire. Les *Débats,* au moins, par leurs tendances habituelles et naturelles, souvent mo-
difiées par leurs intérêts, la *Presse,* le *Globe*
et quelques autres journaux, dont nous n'a-
vons pas parlé parce qu'ils font double emploi, jouent dans la sphère des idées le même
rôle que M. Guizot joue dans les faits. Un
grand nombre d'autres journaux, à la tête
desquels sont placés le *Siècle* et le *Constitutionnel,* sont dans la presse ce que M. Thiers
est à la Chambre. C'est cette seconde nuance
dynastique qu'il nous reste à faire connaître.

Respectons le droit d'ancienneté : commen-
çons par le *Constitutionnel.* Il était arrivé au
Constitutionnel ce qui arrive à ces insectes
ailés qui laissent leur vie avec leur dard dans
la blessure qu'ils font. Le *Constitutionnel* était
mort de sa victoire. La situation pour laquelle
il avait été créé n'existait plus, la tâche qu'il
avait à remplir était accomplie. En parlant de
constitutionnalité, de respect pour la Charte,
il avait conduit les esprits à la défiance qui
avait amené le refus de concours; le refus de

3.

concours avait amené les ordonnances ; les ordonnances avaient amené l'insurrection ; l'insurrection avait amené l'intervention constituante de la Chambre, qui avait à son tour violé la Charte qui se trouvait ainsi frappée par ses défenseurs, après l'avoir été par les ministres, qu'on appelait adversaires. Toute la ligne du *Constitutionnel* était donc perdue ; le terrain lui manquait sous les pieds ; la bannière qu'il portait avait été enlevée par la tempête des trois jours qui n'avait plus laissé, dans les mains du porte-drapeau des idées libérales, qu'un bâton. En même temps, tous les thèmes de sa polémique habituelle lui étaient ravis. Il avait surtout vécu de ses attaques contre ce qu'il appelait l'œil de bœuf et le parti prêtre. Or, tous les grands noms avaient disparu de la scène politique ; la noblesse était dans ses terres ; les avocats, les banquiers et les journalistes étaient partout et ils étaient tout ; la nouvelle dynastie grattait ses armoiries ; elle donnait les poignées de main, demeurées historiques, *aux chers camarades*, et le chapeau gris et le parapluie, astres assez bourgeois des premiers jours de la Révolution, régnaient alors sur l'horizon politique. Le moyen de crier contre l'ancien régime en présence de pareils faits! D'un autre côté, le clergé, loin d'être protégé, était persécuté. Les longues calomnies du *Constitutionnel* avaient porté leurs fruits, et il était venu des gens d'exécution qui jetaient les prêtres par-dessus les ponts, et qui démolissaient les églises, genre d'opposition plus réel et plus vif qui faisait tort à l'opposition du *Constitutionnel*, et la rendait inutile. A quoi bon, en effet, calomnier les gens que l'on noie, et comment parler de l'influence du parti prêtre, quand la force publique assistait, l'arme au bras, aux renversements de croix et au sac de l'archevêché, et que le préfet de police lançait un mandat d'amener pour faire mettre le premier pasteur de la capitale en prison?

Le *Constitutionnel*, complétement pris au dépourvu par cette situation nouvelle, perdit la tête. Lui, le journal novateur, se voir tout à coup un journal rétrograde! lui, qui tenait la tête de l'opposition de quinze ans, être tout à coup relégué à la queue! Pour lui porter le dernier coup), une presse ardente, spirituelle, incisive, lui jetait à pleines mains l'injure, l'invective et l'épigramme. O douleur! On le traitait comme un journal d'ancien régime; lui, le *Constitutionnel*, l'ennemi de l'ancien régime, oui, comme un *ci-devant*. C'était le temps où la *Caricature*, ramassant un morceau de charbon sur le foyer des corps-de-garde brûlés et des insignes royaux dont les vainqueurs de juillet avaient fait un joyeux auto-da-fé, dessinait, au coin d'une barricade, le profil demeuré historique, et le bonnet de coton symbolique en forme d'éteignoir, qui représentait le *Constitutionnel*, cet astre de la presse, déchu tout comme s'il avait été une royauté de quatorze siècles. Pour mettre le comble à ses misères, le *Charivari* aiguisant sa plume pendant que la *Caricature* taillait son crayon, commençait à indiquer, au désabonnement empressé, la boutique du *Constitutionnel*, voisine, comme le faisait remarquer le cruel journal, de la boutique du marchand de brioches.

La vogue s'en va aussi vite qu'elle vient, et la fortune a des ailes quand elle nous quitte, comme lorsqu'elle nous arrive. La prospérité du *Constitutionnel* disparut donc aussi rapidement que si elle avait fait partie du fameux programme de l'Hôtel-de-Ville, comme la prospérité publique. Tout conspire contre ceux qui tombent ; pour achever la ruine du *Constitutionnel*, il se présenta un héritier, et, circonstance aggravante, cet héritier ne demandait qu'un abonnement moins élevé de moitié, quarante francs au lieu de quatre-vingt : c'était le *Siècle*, dont nous nous trouvons obligé ici de mêler l'histoire à celle du *Constitutionnel*.

Le *Siècle* est à la révolution de juillet ce que le *Constitutionnel* était à la Restauration, avec cette immense différence, cependant, que la pensée intime du *Constitutionnel* était malveillante pour la Restauration, et que la pensée intime du *Siècle* est bienveillante pour l'établissement d'août. Le *Constitutionnel* se faisait plus légal, moins violent, plus respectueux envers la Charte qu'il n'était réellement ; le *Siècle* se fait plus révolutionnaire, plus démocratique qu'il ne l'est au fond. Il a plutôt des velléités que des volontés révolutionnaires, il a plutôt des instincts qu'un esprit franchement démocratique. C'est un tribun trembleur qui s'épouvante au bruit de sa voix, qui demande, et qui a peur d'obtenir ; qui attaque, et qui a peur de blesser. Que vous dirai-je ? c'est l'expression de M. Odillon Barrot, honnête homme, orateur remarquable, mais, de tous les Gracques le plus timide, pour ne pas dire le plus poltron ; nous parlons, bien entendu, de la poltronnerie politique qui empêche d'entreprendre, et non de l'absence de courage personnel dont nous ne voudrions accuser personne, et M. Odillon Barrot moins que personne.

Le *Siècle* est donc très-énergique dans la théorie, très-modéré dans l'application. Il voudrait l'abolition des lois de septembre sur les délits de presse érigés en crimes de lèse-majesté, mais il ne la veut pas fortement. Il désirerait des économies, mais il n'entend pas aller jusqu'au refus des subsides pour arrêter le gaspillage de nos finances. Dans la question de réforme la plus importante de toutes, parce qu'elle comprend toutes les autres, il ne va pas plus loin que la translation de l'élection au chef-lieu, l'adjonction des capacités, et la liste des incompatibilités. Comme il est hon-

nête , il s'élève avec beaucoup de force contre
les actes déshonorants que le ministère Guizot
commet au dehors et au dedans ; comme il est
timide , il trouve des excuses à la politique de
M. Thiers , quand celui-ci est au pouvoir , et
il répète , avec tant de bonhomie , qu'on est
vraiment tenté de le croire sincère , que le
chef du cabinet du 12 mars était sur le point
d'avoir du courage, quand une volonté souter-
raine est venue le déranger dans le cours de ses
défaillances envers l'Angleterre. M. Thiers, à
entendre le *Siècle*, allait en venir à la dignité,
à l'énergie, à l'action ; seulement, pour y
arriver, il avait fait comme Lafontaine allant
à l'Académie, il avait pris le plus long.

Pour achever de peindre le *Siècle* , il ne faut
pas oublier de dire qu'il est un ardent universitaire, qu'il craint le clergé, qu'il a haute-
ment adopté le parti de l'université contre
l'épiscopat, et que, plaçant son renom littéraire tout juste à la hauteur de Paul de Kock,
il se trouve à la portée de beaucoup d'esprits
vulgaires. Sa littérature, comme celle de presque tous les journaux à 40 francs, est le dîner à
40 sous des intelligences. En résumé, le *Siècle*

ressemble un peu à ces soldats qui, dans les triomphes romains, suivaient le char du triomphateur en chantant des refrains satiriques; le *Siècle* aussi chante souvent des satires derrière le char de l'ordre de choses actuel, mais, tout en le critiquant, il le suit, et au besoin il pousse à la roue.

Cette politique grondeuse, sans être efficace, est du goût de beaucoup d'esprits qui aiment à se donner les dehors faciles de l'opposition, sans en accomplir les devoirs réels. Le *Siècle* a donc obtenu une vogue immense. Pas une auberge, pas une boutique, pas une loge de portier, où il ne remplaçât le *Constitutionnel.* La petite propriété, à laquelle il s'adressait, n'était pas insensible à la diminution de moitié opérée sur le prix du journal, et c'est ainsi que le *Siècle* arrivait au chiffre énorme de 45,000 abonnés, tandis que le *Constitutionnel,* qui en eut jusqu'à 21,000 sous la Restauration descendait un peu au-dessous de 4000.

Alors, les destinées du *Constitutionnel* se sont accomplies. Il a subi, comme une vieille dynastie, sa déchéance, ce qui consiste, pour les journaux, à être vendus aux enchères.

Mais, plus heureux que plus d'une ancienne dynastie, il a eu le bonheur de tomber dans des mains habiles, et de reparaître, sous sa nouvelle forme, dans les conditions nouvelles de la presse quotidienne, c'est-à-dire, à quarante francs, au moment où se révélait une situation qui donnait de l'à-propos à son ancien esprit; nous voulons parler de la querelle soulevée entre l'épiscopat et l'Université. Le représentant de la nouvelle compagnie qui avait acquis le *Constitutionnel*, homme expert qui, tour à tour médecin, quasi-pharmacien, écrivain politique, a passé par un journal pour arriver à la direction de l'Opéra, et est revenu de la direction de l'Opéra à celle d'un journal, enrichi de toute l'expérience qu'on peut acquérir quand on a eu à gouverner des malades, des danseuses et des lecteurs, a très-bien compris le mécanisme de la presse nouvelle. Occuper les producteurs en crédit, Georges Sand et M. Sue, acheter le *Juif-Errant* de ce dernier aux enchères, et lui imposer dix volumes pour conserver pendant deux ans le monopole du talent de l'auteur en vogue, et, pour l'ôter aux feuil-

les rivales, ne pas craindre de dépenser à cet
effet cent mille francs, dans lesquels il est
déjà rentré, dit-on, en vendant de seconde
main à une société de libraires le roman que
M. Sue écrivait encore, occuper les cent voix
de l'annonce, cette prosaïque renommée des
temps modernes, à publier les merveilles de
sa rédaction, et en même temps exploiter avec
passion la résurrection du mouvement anti-
religieux auquel des professeurs ont donné le
signal du haut de leurs chaires, tel a été l'ensemble des combinaisons du nouveau régu-
lateur des destinées du *Constitutionnel*. L'article Paris, le feuilleton de M. Sue, tout a été
dirigé contre les Jésuites. Le *Juif-Errant* lui-
même est venu apporter son tribut de calomnies. Il y a là à la fois un calcul politique et
un calcul industriel. Si le *Constitutionnel* par-
vient à développer le mouvement contre le
clergé, il arrive au ministère Thiers; s'il res-
suscite complétement l'espèce de terreur morale qu'il avait répandue autrefois à l'aide du
nom de Jésuite, il attire à sa caisse les sous-
criptions de la grande armée des dupes, et il
refait sa fortune dans la presse. Déjà il fait de

grands pas vers ce but; son abonnement est remonté de 4,000 à 13,000 (1) ; celui du *Siècle* est descendu de 45,000 à 27,000. Nous citons ces chiffres, parce qu'il y a un symptôme assez important à tirer de ce revirement. C'est la conception de la gauche dynastique qui s'achève. Le *Siècle* semble au moment de jouer avec le *Constitutionnel* le rôle que M. Odillon Barrot a joué avec M. Thiers. Quand les honnêtes gens et les roués se coalisent, les roués montent et les honnêtes gens font la courte échelle. M. Thiers, après avoir enlevé à M. Barrot une partie de sa considération dans les chambres, est en train de lui enlever son influence dans la presse. Du reste, la différence entre la politique du *Siècle* et celle du *Constitutionnel* est insensible; seulement le premier essaie de se tromper lui-même avant de tromper les autres, et le second n'est que trompeur sans être trompé. Disons le mot : le *Siècle* est un *Constitutionnel* naïf, et le *Constitutionnel* est un *Siècle* finaud.

(1) Ceci était écrit au commencement de 1845. Depuis, le *Constitutionnel* a atteint le chiffre de 25,000 abonnés.

LES REVUES DYNASTIQUES.

Avant de fermer l'histoire de l'opposition dynastique, c'est-à-dire de la petite et fausse opposition qui fait au pouvoir une guerre de chicane, et qui, selon l'expression spirituelle d'un de ses partisans, jouerait au ministère le même air que M. Guizot, mais le jouerait autrement, — ce qui ne veut pas dire mieux, — nous devons parler de deux Revues qui ont rempli un rôle assez important dans la presse dynastique, la *Revue de Paris* et la *Revue des Deux-Mondes.*

La *Revue de Paris* fut fondée, on le sait, dans les derniers temps de la Restauration, sous les auspices d'un riche banquier et par un homme de lettres qui n'avait été encore, à cette époque, que médecin, écrivain politique dans deux ou trois journaux, associé d'une pharmacie, et l'un des bienfaiteurs de l'humanité enrhumée, à titre d'inventeur et de co-propriétaire de cette pâte célèbre, une des providences de l'annonce parisienne à

laquelle elle paie un impôt qui monte, à ce
qu'on assure, à plus de cinquante mille fr.
par an. La *Revue de Paris* créa ce qu'on pourrait appeler la littérature dorée, la littérature en gants jaunes. Elle fut un lien de camaraderie entre les écrivains, quoiqu'un
homme de beaucoup d'esprit ait fait paraître
dans ce recueil, à l'origine de sa fondation,
des articles d'une allure assez vive contre la
camaraderie. Ce fut la *Revue de Paris* qui in-
venta le feuilleton-roman, que le journal quotidien lui déroba depuis. MM. de Balzac,
Alexandre Dumas, de Latouche, Sue, Karr,
Gozlan, Janin, Loêve-Weymar, qui datent de
cette époque, furent au nombre des contribu-
teurs de ce journal, qui, par suite des événements de juillet, après avoir passé par les mains
de M. Amédée Pichot, finit par tomber dans
celles d'un éditeur déjà propriétaire, depuis
1831, de la *Revue des Deux-Mondes.*

Cet éditeur n'était ni un écrivain, ni un
critique ; mais s'il ne faisait point d'articles,
il savait faire un journal, c'est-à-dire frapper
aux portes des écrivains en vogue, et relier
ensemble les divers morceaux obtenus de leur

talent, de manière à en former une mosaïque intéressante. Propriétaire de deux revues, il leur assigna à chacune un rôle particulier. La *Revue de Paris* fut plus littéraire, plus particulièrement consacrée aux arts ; la *Revue des Deux-Mondes* fut plus philosophique, plus docte et plus dogmatique. C'est dans la *Revue des Deux-Mondes* que M. Lerminier développa tous les principes anti-catholiques qu'il attaque aujourd'hui, dans le livre de M. Quinet, sur l'ultramontanisme, et que, présentant le philosophisme comme l'héritier présomptif du catholicisme vieilli, il indiqua modestement que, quant à lui, il se résignait à prendre pour sa part le rôle de l'apôtre saint Paul. C'est dans la *Revue des Deux-Mondes* que Georges Sand poursuivit aussi son cours de philosophie en action contre le mariage, dans des romans écrits avec la lave des passions, mais dans lesquels le mérite du penseur est loin d'être au niveau du style. La *Revue des Deux-Mondes*, en un mot, était une arène qu'on ouvrait à l'école démocratique et philosophique. Elle admettait, elle appelait l'expression des principes les plus avancés, tandis que la *Revue de Paris* se tenait plus près des faits, tout en appartenant à l'opposition. L'une aspirait à être plus sérieuse, l'autre voulait qu'on crût qu'elle savait mieux les affaires, qu'elle était plus de ce monde. La *Revue des Deux-Mondes* s'adressait plus particulièrement à la jeunesse ardente ou méditative ; la *Revue de Paris* aux salons.

Ces deux journaux vécurent ainsi jusqu'au moment de l'établissement de la presse à 40 francs, qui leur fut fatal. Les attraits du journal quotidien donné au rabais, rendirent très-difficile, j'allais dire impossible, la situation de la revue hebdomadaire ou bimensuelle, dont le prix était aussi élevé, d'autant plus que ces journaux dérobaient aux revues un de leurs moyens de séduction le plus puissant, en monnayant, dans le feuilleton de chaque jour, les romans que les revues publiaient en bloc. On ne peut dire jusqu'à quel point cette institution des déjeuners intellectuels de la presse à 40 fr., qui servait chaque jour, à ses abonnés, un morceau de roman assaisonné des émotions et du scandale nécessaires pour repaître l'esprit pendant que l'estomac prenait son repas du matin; on ne peut dire jusqu'à quel point cette innovation fut nuisible à la littérature en général , et aux revues en particulier. D'un côté , les longs appétits littéraires se perdirent, et de l'autre, les auteurs ne songèrent plus à faire des livres ayant un commencement, un milieu, une fin, et présentant un tout élaboré sous l'empire d'une pensée, ils n'écrivirent plus que des chapitres. La littérature devint une espèce de lanterne magique où les images les plus incohérentes passèrent sous les yeux d'un public peu exigeant, qui consentit sans trop de peine à ce que le lendemain démentît la veille, et, comme on lisait au jour le jour, on écrivit de même.

La *Revue des Deux-Mondes* et la *Revue de Paris* devaient périr sous l'influence de cette situation ; c'est ce qui leur est arrivé. On apprit un beau jour que leur propriétaire et directeur avait obtenu une position avantageuse auprès d'un théâtre royal, et bientôt l'on devina, aux allures des deux journaux, que le ministère n'avait pas eu affaire à un ingrat. Les deux recueils périodiques ne vivaient plus qu'à grand'peine, le pouvoir, qui est plein de bon vouloir, tendit une main qui n'était pas vide ; de l'autre côté, on ne retira pas la sienne , et, depuis ce moment, tout le monde en vit mieux, excepté l'indépendance des deux journaux, qui est morte, comme l'a constaté, un peu plus tard, l'apparition d'un recueil nouveau, qui a pris le titre de *Revue indépendante*, titre qui a tout l'air d'une mordante épigramme.

Aujourd'hui, la *Revue des Deux-Mondes* est devenue l'hospice des repentirs dynastiques de M. Lerminier, dont la popularité blessée a obtenu des incurables dans le journal même où, naguère, il conquérait sa vogue en déroulant les dogmes de la religion nouvelle dont il était le grand-prêtre, et en criant à M. de Chateaubriand, ce grand homme dont le nom éclatant l'importunait: « Repose-toi, sublime vieillard ! » Dans ses beaux jours, elle obtient la communication des méditations de M. le prince de Joinville, sur l'état de notre marine, et elle les publie avec une indiscrétion autorisée. Cependant, il est juste de le dire, la *Revue des Deux-Mondes* a une indépendance relative. Cette indépendance s'étend jusqu'au droit de louer M. Cousin, quand M. Villemain

4

est ministre, et de défendre M. Thiers, quand
M. Guizot tient les rênes du pouvoir, de même
que lorsque MM. Thiers et Cousin sont de
quart sur le tillac du vaisseau de l'État,
ladite Revue peut faire le panégyrique de
MM. Villemain et Guizot. Cela veut dire que la
Revue des Deux-Mondes est libre de se prome-
ner en long et en large, dans le caveau voûté
et muré du dévouement dynastique. Elle n'a
plus le choix des cocardes, mais elle a encore
celui des livrées. Elle n'est plus indépendante
du pouvoir, comme la *Revue Indépendante* le
lui a dédaigneusement rappelé, en faisant de
cette épithète, qui sonne si bien, un caractère
qui devait la faire distinguer de toutes les
revues; mais si elle a perdu le droit de combattre le pouvoir, elle a conservé la faculté
de taquiner de temps en temps le ministère,
à la manière du cardinal de Retz, qui, en se
donnant corps et âme à la régente, lui disait :
« Je demande seulement à votre majesté
« l'autorisation de continuer d'attaquer,
« comme par le passé, le *Mazarin,* quoique
« je porte la plus grande affection et le plus
« grand respect à M. le cardinal ; mais je ne

« puis conserver un peu de popularité qu'à ce
« prix, et, sans popularité, je ne pourrais
« rien faire pour le succès du roi et celui de
« votre majesté. »

On devine, par ce qui précède, que si la
Revue des Deux-Mondes n'est pas précisément morte, elle n'a plus la vitalité et l'initiative qu'elle avait à l'époque de son apparition. D'un côté, elle a perdu en partie le
mouvement de la philosophie nouvelle qui a
passé avec armes et bagages à la *Revue Indépendante*, mouvement sans grand avenir, si
l'on veut, parce qu'il est en dehors de la
vérité, mais cependant, mouvement qui annonce l'initiative, la vie, l'ardeur d'une pensée qui a foi en elle-même, et qui, en aspirant
à la vérité, tombe dans des égarements plus
nobles encore et plus estimables que l'indifférence. D'un autre côté, elle n'a pas en elle le
principe du mouvement de la philosophie
catholique : de sorte qu'elle est en dehors de
tout mouvement en philosophie. En même
temps, les plus illustres membres de sa pléiade
littéraire lui ont échappé. Madame Sand, conduite par ses opinions démocratiques, a cher-

ché un terrain où elle pût écrire à l'ombre
du drapeau de ses idées, et, avec une colonne
d'émigrants qui n'ont pas ratifié l'acte de
vente qui les avait livrés en bloc, elle a fondé
une revue sociale. Les écrivains sans opinions
arrêtées, comme M. Sue et tant d'autres, se
sont laissés débaucher par les séductions du
feuilleton-roman qui, debout à l'entrée de
toutes les avenues de la littérature, présente
la bourse et demande la vie. La *Revue des
Deux-Mondes* n'est donc plus que l'ombre
d'elle-même. C'est encore une bibliothèque
où viennent se ranger des livres ; ce n'est
plus un journal où des écrivains, vivant de la
même vie, viennent combattre à l'ombre du
même drapeau pour le triomphe des mêmes
idées. Elle reçoit également les communica-
tions du ministère, et les souvenirs de l'opposition dynastique : dernièrement, on voyait
dans ses pages la nécrologie écrite par
M. Charles de Rémusat, sur M. Jouffroy, ce
disciple de M. Cousin, dont le testament philosophique fut si étrangement revu, amendé,
corrigé et falsifié par son maître, à côté d'une
satire de M. Lerminier contre M. Edgard Qui-

net, que le ministère trouve trop franc, et
dont il désavoue le zèle compromettant et
trop fougueux contre le catholicisme, comme
un général réprimande le soldat qui fait feu
hors de son rang et avant le signal.

Si la *Revue des Deux-Mondes* ne vit plus, on
peut dire que la *Revue de Paris,* sa sœur ju-
melle, est morte. En effet, elle n'est plus une
revue, et elle n'a pu réussir encore à devenir
un journal. Elle paraît de deux jours l'un, ce
qui lui donne le double avantage de ne pouvoir ni traiter les questions avec l'étendue et
avec la gravité qui appartiennent aux revues,
ni rapporter les faits avec l'opportunité et
l'à-propos qui n'appartiennent qu'aux journaux quotidiens. Il est vrai qu'elle s'en console
en émettant des opinions historiques qui lui
donnent une spécialité particulière, attendu
qu'elles avaient échappé, et pour cause, à tous
les historiens, et en donnant des nouvelles
dont elle a toutes les prémices, attendu qu'elle
les invente. C'est ainsi que la *Revue de Paris*
a accusé les souscripteurs qui ont élevé une
croix funéraire aux Condé, sur l'emplace-
ment funeste de Saint-Leu, d'avoir voulu ral-

4.

lumer les passions de la guerre civile, en incrustant sur le piédestal de la croix, les beaux noms de Nordlingen et de Senef, qui rappellent les glorieuses batailles gagnées par le grand Condé, au xviie siècle, et c'est ainsi que dernièrement encore elle mariait morganatiquement à un sujet une jeune princesse qui a le sang de Louis XIV dans ses veines et les vertus de Louis XVI dans son cœur.

Concluons. Nous aurions eu, il y a six ou huit ans, un chapitre d'histoire à donner sur la *Revue des Deux-Mondes* et la *Revue de Paris :* aujourd'hui, notre tâche, surtout pour la dernière, s'est bornée à une nécrologie (1).

OPPOSITION DÉMOCRATIQUE.

Le National. — La Réforme. — La Démocratie pacifique.

Nous entrons ici dans une nouvelle province de la presse, et, laissant derrière nous l'oppo-

(1) Depuis que ces lignes sont écrites, la *Revue de Paris* est tout à fait morte. Mais une nouvelle direc-

sition simulée de la gauche dynastique, dont les batailles ne sont que des tournois, et qui vise le pouvoir à côté, de peur de l'atteindre, nous nous trouvons en présence, sinon de la plus efficace, au moins de la plus violente des oppositions. La presse de l'opposition démocratique, en effet, se trouve dans une situation exceptionnelle et privilégiée, vis-à-vis l'ordre de choses actuel. Elle le domine par les principes appliqués en juillet au moment de l'insurrection, et par ceux qui furent invoqués pour autoriser la révolution de 1830. Elle l'accable des souvenirs des premiers temps de son existence; elle lui rappelle ses premiers pas, ses premières promesses, sa première dépendance; les avances qu'il fit à la démocratie, les connivences qu'il eut avec les révolutions étrangères, en Espagne, en Pologne, en Belgique, en Italie; la *Marseillaise* qu'il chanta, le sans-façon populaire et la dégaine infiniment peu monarchique de ses premières journées, qui trinquèrent avec les

tion et une nouvelle rédaction essayent de la ressusciter, en la plaçant dans des conditions nouvelles.

émeutiers les bras encore noircis de poudre, et burent même dans le verre de

La sainte populace et la grande canaille (1).

Ces faits et ces souvenirs sont autant de chaînes morales dont cette presse fait sentir continuellement le poids au système nouveau, qui, en outre, est souvent obligé de reculer jusqu'à elle pour se défendre contre les hommes de la droite, comme on l'a vu, au commencement de l'année 1845, dans la discussion de l'adresse, à l'occasion du voyage de Belgrave Squarre.

La presse démocratique ressemble à un de ces importuns qui rappellent à tout instant à un parvenu l'obscurité de son origine, et qui, tandis qu'il voudrait qu'on se souvînt seulement de l'hôtel où il est arrivé, ne lui laissent pas oublier la mansarde d'où il est sorti. Tous les parvenus tiennent un peu de Cambacérès qui, interrogé par un ancien ami sur le nom qu'il devait lui donner dans le tête-à-tête, répondit avec une admirable condescendance :

(1) La sainte populace et la grande canaille,
Se ruant à l'immortalité.

JAMBES DE BARBIER.

« Eh bien ! quand nous serons seuls, uses-en
sans façon, appelle-moi Monseigneur. » Les
gens du pouvoir en diraient volontiers autant
à leurs anciens camarades de la démocratie.
Aussi, ne supportent-ils qu'avec une colère
mal déguisée, et qui se traduit souvent en ré-
quisitoires, les rudes familiarités de la presse
démocratique. Ces persécutions, comme on
le pense bien, redoublent l'acrimonie de celle-
ci, qui, venant à se souvenir des beaux rêves
de patriotisme et de gloire qu'on faisait ensemble, au temps heureux de l'opposition de
quinze ans, et, les comparant aux tristes résultats politiques obtenus depuis la révolution
de juillet, éclate en invectives souvent éloquentes et en sanglants reproches, et traîne
tous les jours aux gémonies les hommes qui
ont fait banqueroute de leurs promesses de
gloire, comme de leurs promesses de liberté
et d'égalité. D'autres fois, la presse démocratique entr'ouvre à demi les sombres cachots
du mont Saint-Michel, où les hommes les plus
ardents de la démocratie expient la guerre à
main armée qu'ils ont déclarée depuis 1830 à
leurs anciens associés. Elle fait assister ses

lecteurs indignés à ces lentes et tristes ago-
nies d'hommes dans toute la force de l'âge ;
à ces tortures muettes qui , lorsqu'elles ne
brisent pas la vie, éteignent les intelligences.
Elle inscrit sur le martyrologe de la démocratie ceux qui succombent, et elle entretient
ainsi dans la foule de terribles rancunes qui
couvent silencieusement dans les âmes.

Tels sont à peu près les rapports des hommes du pouvoir et de la presse démocratique.
Celle-ci met tous les jours les hommes du
pouvoir au pilori, et ceux-ci mettent, quand
ils peuvent, les écrivains de la presse démocratique au mont Saint-Michel, sauf à inven-
ter au besoin, pour se donner cette satisfaction, l'ingénieuse théorie de la complicité
morale. On ne saurait s'étonner de ces violences, car moins on a de force morale, plus
on est obligé de tendre les ressorts de la force
matérielle. Or, quelle force morale peuvent
conserver M. Barthe, qui jurait la mort des
rois sur la lame d'un poignard, dans les caves
du carbonarisme ; M. Cousin, qui ne cachait
point son admiration exclusive pour Marat,
et son penchant raisonné pour la loi agraire ;

M. Mérilhou, l'un des adeptes de la charbon-
nerie ; M. de Schonen, qui trempait dans la
même conspiration, et tant d'autres qui tiennent aujourd'hui le premier rang dans l'État ?
quelle force morale peuvent-ils conserver devant des hommes qui ont été leurs élèves ou
leurs complices, auxquels ils ont inoculé les
doctrines qu'ils professent, et qui peuvent
leur dire ce que disait un accusé d'avril à
M. Barthe, pair de France et son juge :
« Monsieur, il y a aujourd'hui six ans qu'à
pareil jour vous m'avez reçu carbonaro. » Les
politiques du pouvoir actuel ne peuvent pas
plus épargner les écrivains de la presse démocratique, que ceux-ci ne peuvent les respecter ; la raison de la violence de la polémique de cette presse et de la violence de la
répression ministérielle, est tout entière dans
cette simple observation.

Nous avons indiqué le caractère général de
la presse démocratique, il faut actuellement
entrer dans le détail de ces différentes nuances.

Nous rencontrons d'abord le *National*, qui
tient le premier rang par son ancienneté,
et par l'éclat qu'a jeté un de ses rédacteurs,

homme d'un rare talent, enlevé trop tôt à la presse, et dont le genre de mort semble avoir rendu la perte plus douloureuse à ses amis, et même à ses adversaires. La fondation du *National*, tout le monde le sait, remonte aux dernières années de la Restauration, et résulte du concours de MM. Thiers et Mignet, et de M. Carrel, qui ne venait alors qu'en troisième ligne ; nous rappelons cette origine parce que ce n'est point là une circonstance indifférente, et qu'on ne saurait s'imaginer quelle influence les antécédents d'un journal exercent sur ses tendances et sa destinée. Nous avons entendu un homme très-compétent en matière de presse, dire que, s'il voulait opérer la rénovation d'un journal, il commencerait par en remercier tous les collaborateurs, qu'ensuite il en renverrait l'administration, qu'il changerait le local, prendrait un imprimeur nouveau, un nouveau marchand de papiers, renverrait jusqu'aux porteurs, et qu'après tout cela il ne sera pas encore bien sûr de faire quelque chose de neuf ; il y a de la vérité dans ce paradoxe. Quand une machine de presse est montée, elle a des allures qui lui sont propres, des mouvements pour ainsi dire mécaniques, qui reviennent invariablement par suite de l'oscillation du balancier, et l'on ne saurait se faire une idée de la persévérance d'attention et de la persistance de volonté qu'il faut déployer pour résister à ces tendances fatales qui vous entraînent dans leur sens, si votre surveillance s'est un seul instant relâchée. C'est donc une chose utile, nécessaire même, que d'avoir une idée exacte des circonstances qui présidèrent à la fondation du *National*, et de l'esprit qui lui fut inoculé par ses fondateurs, au moment de sa naissance.

On était, nous l'avons dit, dans les dernières années de la Restauration. Depuis longtemps le *Constitutionnel* tenait la tête de l'opposition libérale, il faisait au gouvernement royal cette guerre moins franche qu'habile qui devait aboutir à la chute de la maison de Bourbon. Son plan était simple et bien conçu : il consistait à se placer sur le terrain de la légalité, et à acculer le gouvernement royal dans une position d'où il ne pût sortir que par un coup d'état, c'est-à-dire, en recourant à l'article 14, naturellement odieux à la nation ; il est, en effet, facile de comprendre qu'une nation voit de mauvais œil toutes ses libertés placées sous une épée de Damoclès, retenue seulement par le fil incertain d'une volonté humaine, sujette à l'erreur et au changement. On se souvient de ce que firent les juges de Jeanne d'Arc quand ils voulurent la perdre ; ils commencèrent par lui faire jurer de ne plus porter d'habit d'homme, et puis, quand ils eurent son serment, ils lui enlevèrent, pendant la nuit, les habits de son sexe, et ne lui laissèrent que des vêtements d'homme, de sorte qu'ils la contraignirent au parjure. Il y eut quelque chose de cela dans la conduite de l'opposition dirigée par le *Constitutionnel*, à l'égard de la Restauration, et l'article 14, laissé dans la Charte à la royauté qui avait juré de respecter la liberté, ne manque pas d'analogie avec les vêtements d'homme substitués, dans la prison de Jeanne d'Arc, aux vêtements de son sexe qu'elle avait juré de porter exclusivement désormais. On a beaucoup écrit depuis contre le *parjure de Charles X*, sans se souvenir qu'on avait avoué, dans les embrasures de croisées, qu'on travaillait depuis quinze ans à le précipiter dans ce coup d'état, en le chassant pied à pied du terrain de la légalité. Quoi qu'il en soit, les affaires étaient arrivées à ce point où tout le monde prévoit une catastrophe. Le ministère de transaction essayé par Charles X n'avait pas réussi ; le centre gauche n'avait point saisi avec assez de franchise cette dernière chance de maintenir l'accord entre la royauté et la chambre. La Restauration avait pris son ministère de guerre, et chacun voyait venir un choc.

Le *Constitutionnel* ne suffisait plus à cette situation. La ligne qu'il suivait avait été excellente, tant qu'il s'était agi de conduire les esprits et les faits vers le dénoûment, par des chemins couverts. Ce journal, dans la guerre faite à la monarchie, avait poussé la tranchée jusqu'au pied des remparts de la place ; maintenant qu'il s'agissait de pratiquer la brèche et de donner l'assaut, la politique de tempérament et de prudence du *Constitutionnel* n'était plus de mise. Il fallait quelque chose de plus vif, de plus jeune, de plus hardi, qui

passionnât les esprits, remuât les masses, et
ménageât la transition de la lutte intellectuelle à la lutte armée. Ce rôle, le *Constitutionnel* n'y était pas propre, d'abord parce
qu'il en avait longtemps rempli un autre tout
différent, ensuite parce qu'il s'était enrichi
en faisant la guerre. Or, à part de rares exceptions, les journaux et les généraux trop
riches ne valent rien pour la bataille ; Napoléon s'aperçut, à son détriment, de cette seconde vérité, dans ses dernières campagnes,
et la Restauration se serait aperçue de la première à son avantage, si elle n'avait eu en
face d'elle, dans les dernières années, que le
Constitutionnel. Quand on possède beaucoup
on est peu disposé à tout risquer, et l'on peut
dire que la prudence est la sœur de la propriété. Or, le *Constitutionnel* n'était pas seulement
un journal de parti, c'était une propriété. Il
valait un million, et les millions ne montent
pas à l'assaut. La situation appelait donc un
journal qui ne fût point gêné par ses antécédents de modération, et alourdi par le butin
recueilli dans une longue guerre. Les situations appellent rarement en vain l'homme qui

leur est nécessaire, l'instrument qui leur manque ; le navire alourdi par la marchandise resta en panne, — nous parlons du *Constitutionnel*, — et il s'en détacha un brûlot pour faire sauter en l'air la monarchie, vous avez reconnu le *National*.

Ainsi le *National* fut, à proprement parler, la pensée du *Constitutionnel* mise à nu, dévoilée, avouée au grand jour. La batterie de l'opposition, masquée pendant quinze ans, se démasquait enfin, pour tirer les suprêmes et derniers coups. Ce que le *Constitutionnel* avait commencé, le *National* allait le terminer ; ce qu'il avait tu, le *National* allait le dire ; ce qu'il souhaitait, le *National* allait le faire. Plus de réticences hypocrites, plus de circonlocutions, plus d'attaques entortillées de dévouement ; de la bonne et franche haine éloquemment exprimée, des appels aux passions, des cris de colère, et tous les coups tirés au cœur. Le *National* était le journal de guerre de la révolution, son journal du 10 août, lancé contre le ministère du 8 août. M. Thiers, alors dans toute sa verve de journaliste, y jetait de ces articles avec lesquels les hommes de la place publique bourrent leurs fusils, et les oreilles exercées y entendaient déjà retentir le tocsin de la guerre civile.

Voilà donc les antécédents du *National.* Pour fondateur, M. Thiers; pour but, la chute de la Restauration, une guerre à mort à la branche aînée; pour moyens, la violence et la force. Eh bien! l'influence de ces antécédents n'a jamais pu être détruite depuis. Bien des hommes se sont succédé au *National*, et, parmi ces hommes, il en est un qui, comme journaliste, peut être cité à côté de M. Thiers lui-même, talent moins souple et moins varié, il est vrai, mais plus ferme et plus mâle, caractère moins fécond en ressources, moins propre à se jouer avec la difficulté, mais plus énergique et plus haut. Quand la mort, qui semble, comme Tarquin, se plaire à moissonner le niveau commun, a eu pris cette noble tête, d'autres sont venus apporter au *National* le tribut de facultés moins éminentes, mais remarquables, cependant, par d'autres qualités, et dévoués à la même cause. Malgré cette diversité d'esprit et de caractère, l'influence primitive est restée; le *National* est un journal avant tout

ennemi de la Restauration et des royalistes, plus
violent que libéral, et qui, malgré lui-même, a
un secret attrait pour M. Thiers, qu'il attaque
souvent, qu'il a plus d'une fois insulté, mais
dont il ne peut parvenir à se séparer entièrement, parce qu'il a au fond l'idée, sinon rai-
sonnée, au moins instinctive, que M. Thiers
est révolutionnaire avant tout, et qu'il serait
l'homme d'une situation révolutionnaire, si
cette situation faisait un avénement.

Or, si l'étude attentive que nous avons faite
de ce journal ne nous trompe pas, — et nous
croyons qu'elle ne nous trompe pas, — le
National aussi est surtout et avant tout révolutionnaire. Son utopie, c'est une crise violente qui, venue, soit du dehors, soit du dedans, mais préférablement du dehors, préci-
piterait la France dans une réaction passionnée contre l'Europe, et laisserait ses destinées
aux esprits assez fiers et assez fermes pour
prendre la direction de ce mouvement, et
renouveler l'élan de 93 contre l'invasion.
Derrière ce journal, se rallient les jeunes
intelligences qui cherchent le drame dans la
politique, et qui préfèrent une existence de

quelques années, mais battue par la tempête des grands événements, et pendant laquelle toutes les facultés surexcitées peuvent arriver à leur apogée, l'intelligence atteindre un plus grand développement, les caractères se déployer dans la toute-puissance de leur énergie, à des années plus longues, mais endormies dans une situation tranquille et dénuée de ces luttes terribles et enivrantes qui occupent toutes les forces de l'âme.

Étudiée à ce point de vue, la ligne du *National* devient facile à comprendre. Il travaille au succès de la loi des fortifications, non pas pour les donner à l'ordre de choses actuel, mais pour que les directeurs encore inconnus de la réaction passionnée de la France contre l'Europe, les trouvent toutes construites, et qu'ils puissent s'en servir pour résister au dehors, et pour dominer au dedans les répugnances de la bourgeoisie qui a peu de sympathie pour les extrémités de la politique révolutionnaire. Il est plein de violence contre les hommes de la droite, surtout contre ceux qui font le plus d'efforts pour arriver à une conciliation entre la gauche et leur parti, parce que son utopie devient irréalisable si la droite et la gauche se rencontrent dans la nationalité et l'égalité, attendu que, pour qu'il y ait une situation révolutionnaire, il faut que la France craigne à la fois pour l'égalité menacée par les hommes de la droite, et pour son territoire livré à l'invasion par les embarras de la guerre civile. Il faut à la politique du *National,* des bleus et des blancs, un Coblentz, une Vendée, une droite formée de féodaux et de courtisans. C'est un journal sincère, nous le croyons, mais un journal rétrograde, plein des rancunes du passé, des passions du passé, qui fait une plus rude guerre encore aux abus de l'ancien régime, qui n'existent plus, et qui ne peuvent renaître, qu'aux abus du régime actuel ; qui ne croit pas, et qui ne peut pas croire au progrès des choses humaines, à la transformation des partis, et qui a mis le signet de l'histoire de France à la page de 93.

Il résulte de cette préoccupation une chose, c'est que l'opposition du *National,* quoique vive, souvent violente, quelquefois éloquente, et, nous n'en doutons pas, toujours sincère,

5.

n'est point un obstacle à l'arbitraire du régime actuel, et qu'elle est bien plus capable de le servir que de l'arrêter. En effet, toute la force du système doctrinaire est fondée sur une double exclusion : l'exclusion du privilége aristocratique et du retour de l'ancien régime, représenté, aux yeux des masses, par les hommes de la droite; l'exclusion des excès révolutionnaires et des désastres qui le suivirent, représentés, aux yeux des classes les plus nombreuses de la société, par les hommes de l'extrême gauche. Le *National,* en maintenant devant les regards les images menaçantes de l'ancien régime et de la convention, aide, sans le vouloir, mais aide efficacement à la durée d'une politique qui ne trouverait pas un adhérent en France, excepté chez ceux qui l'exploitent, si deux fantômes menaçants, l'ancien régime, avec son cortége d'abus, et la terreur, avec son cortége de crimes, n'étaient point là pour effrayer les imaginations, et leur faire accepter l'arbitraire, la corruption et les défaillances doctrinaires.

L'Opposition démocratique, l'ancien Commerce, la Réforme, la Démocratie pacifique.

En caractérisant la situation du *National* dans la presse, nous avons indiqué la situation générale de l'opposition extra-parlementaire des journaux de la gauche. Il y a des nuances, sans doute, mais le fond est le même, et on ne saurait citer un seul organe de cette couleur, dont le dévouement à la liberté soit assez énergique, assez désintéressé et assez complet pour accepter la combinaison qui assurera son triomphe, quelle que soit d'ailleurs cette combinaison. Tous ont plus ou moins de part aux préjugés du *National*, et partagent sa politique exclusive, d'une manière moins absolue cependant. Ce n'est pas assez pour eux que la liberté existe, il faut qu'elle existe sous un certain nom, sous certaines formes; la question de la forme emporte, pour eux, celle du fond.

Un journal dirigé par un homme de talent, le *Commerce*, placé alors entre les mains de M. Lesseps, essaya de rompre cette glace, et de former une gauche sans passion, sans parti pris, sans rancunes, une gauche d'avenir en face de la gauche du passé, afin de créer un parti qui, sans prendre d'engagement pour ou contre personne, se montrât disposé à stipuler avec tout le monde pour la liberté. Cette tentative a échoué, et l'homme d'intelligence qui avait essayé d'introduire ce nouvel élément dans la situation, s'est retiré en emportant du moins l'honneur de l'avoir entrepris.

On ne saurait guère douter que les intrigues du parti de M. Thiers aient beaucoup contribué à la désorganisation de l'ancien journal le *Commerce*, et à la retraite de M. Lesseps. Cet écrivain était, on le sait, un formidable adversaire pour M. Thiers et M. Odillon Barrot. En créant une opposition forte et vraie, il faisait voir tout ce qu'il y avait de vain et de faux dans leur opposition; de même que la lumière du jour, quand elle paraît, fait pâlir, et, pour ainsi dire, disparaître la lueur des bougies. Ni démarches, ni sollicitations ne furent épargnées pour empêcher le rédacteur en chef du *Commerce* de marcher dans les voies où il était entré. Avertissements bienveillants, menaces, violences, lettres anonymes, tous les moyens furent bons. Que ne fit-on pas surtout, à l'époque où les journaux de M. Thiers soulevèrent la question des jésuites, pour le décider à entrer au moins dans cette coalition ? On cherchaà l'alarmer en évoquant devant lui des fantômes; mais le rédacteur du *Commerce*, qui voyait les bastilles s'élever autour de Paris, et la corruption et l'arbitraire faire chaque jour de nouveauxprogrès, n'avaitgardede se laisser distraire de sa tâche par cette discussion créée à dessein, afin d'empêcher la France de voir ses véritables périls. Quand on lui parlait *jésuites* il répondait *doctrinaires*. Quand on lui montrait l'ombre de la robe noire de Loyola prête à couvrir la France, il montrait du doigt l'ombre des bastilles descendant déjà sur Paris, et les formidables batteries des forts détachés commandant tous les quartiers de la grande ville que le sac de Barcelonne devait empêcher de dormir.

Cette persistance et cette clairvoyance de M. Lesseps irritèrent profondément le parti de M. Thiers et de M. Odillon-Barrot, qui se touchent, comme on l'a vu, par des souterrains secrets. Les grands hommes du tiers parti, du centre gauche et de la gauche dynastique, qui cumulent les bénéfices du dévouement avec la popularité de l'opposition, et dont le crédit ayant pignon sur deux rues, n'est pas moins bien établi au château que dans les colléges électoraux, tremblèrent pour leurs statues. Ce fut alors que M. Lesseps reçut des lettres foudroyantes, où on l'avertissait qu'il mourrait de mort violente, et d'autres lettres où on lui déclarait qu'il serait démontré qu'il était affilié à l'ordre des jésuites. Comme ce moyen ne réussissait pas, on recourut à un autre expédient, et l'on détruisit, par une combinaison financière, sa position politique. Nous avons cru devoir retracer ici cet épisode, qui nous semble un des chapitres les plus curieux et les plus instructifs de la presse parisienne, d'autant plus que cet épisode est lié, comme on va le voir, à une situation générale (1).

(1) Depuis que ceci a été écrit, M. Lesseps a réussi à fonder un nouveau journal, l'*Esprit public*, qui a

Il est évident qu'il y a à prendre dans la gauche une position que le *National* laisse vacante, c'est-à-dire une position de politique libérale sans être anarchique, nationale sans être révolutionnaire ; et le *Commerce* est jusqu'ici le journal qui a le mieux montré comment on pouvait s'établir sur ce terrain. Une preuve que cette position existe, c'est que le nouveau *Commerce* cherche à la prendre, que plusieurs autres journaux ont essayé de s'en emparer, et ceci nous amène naturellement à parler de deux feuilles qui ont une certaine importance dans la presse : ce sont la *Réforme* et la *Démocratie pacifique.*

La *Réforme* a fait un pas sur le terrain que nous indiquions tout à l'heure, et il faut reconnaître qu'elle est moins engagée que le *National* dans les rancunes et dans les violences du passé. Elle a d'abord sur lui un avantage ; elle n'a pas été mêlée aux luttes de la Restauration, elle appartient à la génération nouvelle de la presse. Par conséquent elle n'a point de précédents à défendre ; elle

déjà rendu un notable service en ravivant la question de la réforme, qui semblait éteinte.

n'a pas de souvenirs passionnés et haineux
qui la lient. Elle ne ressemble pas, qu'on nous
pardonne cette comparaison qui obtiendra
grâce pour sa vulgarité à cause de sa justesse,
à cet ivrogne qui célébrait tous les anniversaires d'une querelle qu'il avait eue avec sa
femme, en la battant de nouveau, parce que
la conversation venant à tomber sur cette
querelle, chacun des deux époux s'opiniâtrait
à soutenir qu'il avait eu raison. La *Réforme*
est donc moins violente, moins passionnée,
moins haineuse que le *National;* elle s'est
montrée plus d'une fois conciliante là où il
ne laissait voir qu'aigreur et dureté. Il est
même probable que les idées de la *Réforme*
sont encore plus avancées que ses paroles, et
que ses intentions sont meilleures que ses actions. Mais on voit qu'elle hésite, qu'elle a peur
de trop s'engager, qu'elle ne fait jamais deux pas
en avant sans en faire un en arrière. Le *National*
la gêne et l'inquiète ; elle a de mauvaises
hontes, des appréhensions. Elle est quelquefois atteinte d'une mauvaise émulation révolutionnaire ; elle se repent de ses bons mouvements, et elle se justifie de ce qu'il y a eu

de plus honorable et de plus sage dans sa
conduite.

C'est ici le cas de dévoiler une des plus
grandes misères des journaux. Avec la prétention de diriger les mouvements de leurs
partis, presque toujours ils les suivent. Ces
plumes qui paraissent si indépendantes et si
libres sont enchaînées par mille liens secrets,
vous avez quelquefois plaint les courtisans
des rois, condamnés à observer un geste, un
coup d'œil, à saisir une nuance fugitive qui
passe sur la physionomie du maître, à mettre
un sourire sur leurs lèvres souvent quand leur
cœur est déchiré, et à conformer leurs paroles, leur conduite, et jusqu'à leurs gestes,
aux volontés et aux caprices du souverain.
Eh bien! il y a une position pire encore, c'est
celle de courtisan des partis, et, à part quelques honorables exceptions, on ne saurait se
faire une idée de l'esclavage de la presse sur
ce point; il faut qu'elle ménage des préjugés
qu'elle ne partage pas, qu'elle épouse des
passions qu'elle condamne, qu'elle tienne
compte de mille petitesses de cœur et d'esprit dont elle sent l'injustice et le ridicule; en

un mot, elle est contrainte de s'attarder pour être suivie des gros bataillons, et comme les esprits les plus étroits et les plus arriérés sont ordinairement les plus absolus, pour ne pas encourir leur blâme et ne pas être accusée de défection ou même de trahison, car les accusations les plus odieuses sont précisément celles qui trouvent le plus de créance dans les partis, il y a mille choses qu'elle voudrait faire et qu'elle ne fait pas, et mille choses qu'elle ne voudrait pas faire et qu'elle fait.

Voilà l'explication vraie, non-seulement des hésitations et des indécisions de la *Réforme*, indécisions qui finiront par la perdre si elle n'y prend garde, mais du vide que nous avons signalé dans la presse de gauche. Il ne s'est pas trouvé jusqu'ici de journal de cette opinion qui ait eu assez de dévouement, d'énergie et d'autorité, et en même temps une position financière assez forte, pour vivre sur le terrain d'une opposition libérale sans rancunes aveugles, sans exclusion passionnée, sans dévouement et sans antipathie pour les personnes, en s'attachant uniquement à assurer à la France les libertés auxquelles elle a droit. Un tel journal n'est pas né, il est à naître ; journal difficile, parce qu'il faut le faire avec des esprits d'élite, en avant d'un parti dont on aurait seulement la tête avec soi, et dont il faudrait attendre la queue, et cependant, journal nécessaire, car on ne peut sortir de la situation difficile où se trouve la France, que par une conciliation entre l'ordre et la liberté, et pour arriver à cette conciliation, il importe que les partis se dépouillent de leurs passions, et qu'ils ne gardent que ce qu'il y a de juste, de légitime, de vraiment social et de vraiment national dans leurs idées. Ludlow disait de Cromwel : « C'est un grand constable qui empêche les partis de s'entre-dévorer; » et il expliquait ainsi la durée de son despotisme. Cromwel, de notre temps, c'est le despotisme d'une classe, despotisme servi par des hommes à expédients politiques; tantôt M. Guizot, tantôt M. Molé, tantôt M. Thiers. Pour que ce despotisme cesse, il faut que les partis renoncent à s'entre-dévorer ; sans cela il se trouvera toujours quelque gérant politique de la grande société en commandite de la bourgeoisie, qui, avec un budget de quinze cents millions, une armée de quatre cent mille hommes, les lois de septembre et les bastilles, gouvernera cette société au rebours de ses intérêts, et se fera accepter de la gauche en disant : « Je ne suis pas l'ancien régime ; » et de la droite en disant : « Je ne suis pas la république. »

On comprend, par ce qui précède, que nous ne croyons pas la *Démocratie pacifique* placée dans les conditions nécessaires pour appeler la gauche sur le terrain que nous avons indiqué. C'est un journal qui a eu cependant l'intelligence de cette situation, et le titre même qu'il a pris en est la preuve. La démocratie est généralement redoutée comme une classe violente et belliqueuse ; c'est donc une bonne et heureuse idée que de se présenter pour lui donner les qualités contraires à ses défauts, et nous savons que ce titre de *Démocratie pacifique* n'a pas été un médiocre sujet de crainte pour le pouvoir, surtout quand il a vu que la politique du journal était en harmonie avec le nom qu'il avait pris, et que loin de pousser les classes démocratiques à la guerre, il les appelait dans les voies du travail et du progrès. On comprend, en effet, qu'il est commode pour les partisans du *statu quo* doctrinaire de répondre à toutes les réclamations en excluant tour à tour les partis par les terreurs qu'ils inspirent. Le droit divin et le privilége d'un côté, l'anarchie et la guerre de propagande de l'autre, sont des arguments commodes qui servent admirablement les doctrinaires; avec cette politique de fantômes, ils réussissent à faire accepter leur arbitraire, leur corruption, leur matérialisme gouvernemental, et leur athéisme religieux. Mais quand la démocratie demande la paix et l'ordre, et quand les classes élevées demandent la liberté et l'abolition des priviléges, la position des doctrinaires devient plus difficile. Il leur faut compter avec la raison de la société, parce qu'ils ne peuvent plus s'adresser à ses passions ou à sa peur.

Le titre et la pensée première de la *Démocratie pacifique* offraient donc quelque chose de bien conçu, d'habile et de fort. Mais, malheureusement, tous ces avantages sont presque détruits par l'esprit de secte qui enlève toute autorité à ce journal. La *Démocratie pacifique* est, on le sait, l'organe du fourriérisme; et le ridicule qui, en France, est plus mortel que la pointe d'une épée, s'attache dès lors à son opposition, et lui fait perdre toute efficacité. Nous ne nions pas sans doute que Fourrier, au milieu de ses rêves de régénération universelle, n'ait eu des pensées utiles sur l'association, pensées que, du reste, le christianisme avait eues avant lui, et qu'il ne s'agissait que de féconder; mais adopter le roman du système des harmonies phalanstériennes, imaginer que toutes les passions de l'homme sont bonnes et saintes, comme toutes les notes de la musique, et qu'il ne s'agit que de bien jouer du grand instrument qu'on appelle l'humanité, de mettre les dissonances à leur place, de composer le clavier des passions et penchants, pour faire couler sur la terre des flots de lait et de miel, et réaliser les merveilles de l'âge d'or chanté par les poëtes, c'est quelque chose de si vain et de si faux que le crédit moral d'un journal qui accueille de pareilles rêveries en est profondément ébranlé.

Sans son culte pour Fourrier, dont elle fait une espèce de dieu, la *Démocratie pacifique* aurait une place parmi les journaux sérieux ; grâce à ce culte et aux opinions excentriques qui en sont la conséquence, elle n'est qu'un journal utopiste, et quoiqu'elle ait fait de grands efforts pour atténuer le défaut de sa position, quoiqu'elle mette une sollicitude évidente à ne choquer que le plus rarement possible les esprits, par ses excentricités fourriéristes, le vice originel demeure et donne contre elle des armes dont le pouvoir profite.

Il faut ajouter, pour compléter ces observations, que les aberrations socialistes de la *Démocratie pacifique* l'ont jetée dans des aberrations morales et littéraires qui contribuent à la décréditer. Ainsi, le moraliste de son choix est M. Eugène Sue, et le livre le plus moral, à son gré, qui ait paru dans ce siècle, est le livre des *Mystères de Paris* ou le *Juif errant*. Cette scandaleuse et sale épopée a flatté la manie de la *Démocratie pacifique*, qui croit que tous les vices individuels tiennent aux vices de l'organisation sociale, et qui ne voit que des victimes là où la loi condamne des coupables. Elle a salué comme une révélation le type de *Fleur de Marie*, cette prostituée virginale qui vit dans la boue sans être souillée; c'était un argument de plus pour son système socialiste, qu'un spirituel philosophe (1) a défini : « l'Art d'improviser des sociétés irréprochables; » une nouvelle occasion de tonner contre la société actuelle, qui a toujours tort, et les individus qui ont toujours raison, quoi qu'ils fassent; merveilleuse logique qui doit conduire les nations à se mettre dans les mains des alchimistes du fourriérisme, qui accompliront le grand œuvre de la transmutation des hommes..., le même jour où s'opérera la transmutation des métaux.

Cette prétention de rendre la civilisation responsable des fautes de l'individu, et d'abolir le devoir personnel pour mettre tout à la charge du devoir social, comme l'a dit avec beaucoup de justesse le philosophe homme d'esprit dont nous parlions tout à l'heure, est donc la pierre d'achoppement de toute la politique de la *Démocratie pacifique*.

(1) M. Louis Reybaud. — *Études sur les réformateurs.*

Elle n'a pas de passion et de rancunes, comme le *National*; de respect humain pour les préjugés révolutionnaires, comme la *Réforme;* mais elle a contre elle son utopie, et c'est ainsi que l'organe qui peut seul mettre la gauche sur le terrain d'une opposition pratique et efficace, continue à manquer à la situation.

Les Journaux de la droite. — Difficultés de leur situation après 1830.

Nous avons déroulé devant le lecteur la carte de la presse, et nous l'avons conduit de province en province, en essayant de lui faire connaître le curieux pays dans lequel nous voyagions avec lui. Le juste-milieu avec ses diverses nuances, le centre gauche, la gauche, la gauche extrême, ont successivement attiré notre attention. Mais la partie la plus difficile de notre tâche n'est pas encore remplie. Comment, dans un tableau de la presse, ne point parler des journaux de la droite, et, si

nous en parlons, de quelle manière en parler ?
Comment réussir à être impartial dans une
question où nous serons peut-être dominé à
notre insu par nos sympathies et nos tendances
personnelles, et même, en parvenant à être
impartial, comment réussir à faire croire à
notre impartialité ?

Nous exposons ingénument devant le lecteur les écueils du travail que nous allons
aborder, afin de le mettre en garde, non pas
contre des erreurs volontaires qu'il n'a pas à
craindre de notre part, mais contre des erreurs involontaires, car ce n'est qu'en étant
trompé le premier que nous pourrions être
conduit à le tromper.

Pour bien apprécier la position de la presse
de la droite, il faut remonter à la révolution
de 1830. A cette époque, les journaux qui
appartenaient à cette opinion se trouvèrent
environnés des plus grandes difficultés. Ils
portèrent tout le poids des haines que la Restauration avait soulevées ; elle laissait sur eux,
en se retirant, le fardeau immense des préventions et des antipathies qui l'avaient écra-
sée. Quoi de plus facile à comprendre ? La

branche aînée était dans l'exil ; tous les hommes politiques qui étaient entrés dans ses conseils s'étaient complétement retirés de la scène des affaires ; les royalistes s'abstenaient, pour la plupart, d'aller aux élections ; que restait-il donc en face d'une opinion violemment excitée, et toute chaude encore des colères qu'elle n'avait pas eu le temps d'épancher dans la lutte des trois jours ? Il restait la presse de la droite.

Sans doute on pourrait objecter à ceci que les bancs de la droite n'étaient pas entièrement déserts. Cela est vrai ; mais l'illustre orateur qui y représentait l'opinion royaliste se trouvait dans une position admirable, si on la compare à celle des journaux de cette opinion. C'était, en effet, un homme nouveau dans les affaires publiques ; il n'avait en aucune façon trempé dans les fautes que l'on attribuait à la Restauration, il était sans précédent politique. Quelque chose de plus, il s'était assis sur le banc de la défense à côté du maréchal Ney accusé, et le guerrier couvrait de son ombre héroïque, à la tribune, l'avocat qui l'avait couvert de sa toge devant

la Chambre des pairs. Enfin, dernier avantage, et avantage considérable à cette époque,
il n'appartenait point à la noblesse, il appartenait à la bourgeoisie. Ainsi, par un concours heureux de circonstances, la droite de
la chambre, du moins la personnification la
plus éloquente de cette droite, se trouvait à
l'abri des préventions et des préjugés les plus
violents et les plus dangereux que la Restauration ait soulevés. Il y avait là, en effet, un
orateur qui n'avait participé à aucun des actes
politiques qu'on pouvait censurer, homme
nouveau dans les affaires, appartenant à la
bourgeoise, et de plus, revêtu de l'auréole
qui, sous le système de juillet, environnait le
défenseur du maréchal Ney. Les accusations
contre le privilége, le droit divin, les *projets
liberticides* de la Restauration n'allaient pas
jusqu'à lui.

Que la presse de la droite était loin d'être
dans une position aussi favorable! Un seul
mot expliquera son infériorité : cette presse
n'était pas nouvelle. C'était un débris, un dé-
combre de l'ancien édifice qu'on venait de
renverser, et toutes les haines qu s'étaient

acharnées à la ruine de cet édifice se retour-
naient contre elle avec l'enivrement que
donne la victoire, et cette espèce d'indignation
qu'excite, dans l'âme des vainqueurs, la
prolongation de la résistance de ceux qu'ils
croyaient abattus sans défense sous leurs pieds
et réduits à crier merci.

Les deux principaux journaux de la droite,
ou pour mieux dire les deux seuls qui exis-
tassent à Paris à cette époque, étaient *la
Gazette de France* et *la Quotidienne*. *L'Universel,* qui avait jeté un assez vif éclat, non
par sa politique embarquée sur le brûlot des
ordonnances de juillet, mais par sa critique
qui avait été incisive, spirituelle et remarquablement impartiale, et dans laquelle s'é-
taient rencontrés les esprits les plus divers,
et qui sont aujourd'hui dispersés dans tous
les camps de la presse, *l'Universel* avait disparu dans la tempête. Les demeurants de la
presse de la droite, *la Gazette de France* et
la Quotidienne se trouvaient donc porter tout
le poids de la journée. Or, le parti vainqueur
était disposé à demander compte à la première de tous les actes du long ministère de

6.

M. de Villèle, qui avaient excité le mécontentement de l'opinion publique, mécontentement qui, quoiqu'un peu effacé par des blessures plus récentes, subsistait encore au fond des esprits, tandis qu'il demandait compte à la seconde du ministère de M. de Polignac tout entier, et surtout des ordonnances de juillet qni avaient été le dernier acte du dernier ministère de la Restauration. Disons les choses comme elles étaient : dans les premiers jours qui suivirent la révolution de juillet, pour les masses, *la Gazette* c'était M. de Villèle; *la Quotidienne* c'était M. de Polignac.

Ce qui achevait de rendre la position de ces journaux encore plus difficile, c'est qu'ils se trouvaient en présence des journaux appartenant aux opinions opposées, et contre lesquels ils combattaient depuis quinze ans. Le souvenir des vieilles polémiques venait donc irriter les polémiques nouvelles. Les rancunes, amassées dans cette longue bataille de quinze ans, envenimaient de leur fiel la colère que les journaux du parti vainqueur nourrissaient contre les journaux du parti vaincu. C'est à peine si on leur pardonnait de vivre, et leur

existence même paraissait un délit. Quoi! le
lendemain de la révolution de 1830, quand
les barricades n'étaient pas encore démolies,
tandis que le convoi de la monarchie accom-
plissait son funèbre itinéraire de Rambouillet
à Cherbourg, pendant que les ministres du
10 août, qu'on avait pu arrêter, attendaient,
dans les prisons de Vincennes, que la cour des
pairs se réunît pour les juger, et que les autres
allaient être condamnés par contumace, *la
Gazette de France* et la *Quotidienne* continuaient à exister? N'était-ce pas un scandale?

Nous savons bien qu'on aurait pu trouver
plus d'une réponse à ces objections. D'abord,
la liberté de la presse avait été proclamée
pour tous; il était donc assez naturel que
tout le monde en jouît. Mais les partis vainqueurs, et surtout le parti révolutionnaire,
ont une manière toute particulière de considérer les choses. Quand ils proclament la liberté pour tous, c'est pour ne pas être ac-
cusés de porter atteinte à la question de
principes qui doit rester entière. Après lui
avoir ainsi rendu hommage, ils se gênent in-
comparablement moins dans la pratique, et

ils exceptent assez généralement leurs adversaires du bénéfice de cette liberté générale, qui devient ainsi la propriété personnelle du parti triomphant. Personne n'a oublié comment les choses se passaient sous la première révolution : on mettait, dans les diverses constitutions qu'on rédigeait, les plus admirables garanties pour les droits de tous, pour la liberté, pour le bonheur, pour l'ordre, et, à ne lire que ces théories magnifiques, on aurait pu croire qu'on avait sous les yeux une constitution rédigée par des sages pour le plus heureux des peuples. Mais en lisant jusqu'au bout ces documents politiques, on trouve rejeté à la fin un tout petit article qui suspend, jusqu'à la fin de la révolution, la liberté individuelle, la liberté de la presse, et en général toutes les libertés, tous les droits et toutes les garanties, et met, à la place, le tribunal révolutionnaire et la loi des suspects. Qu'on nous pardonne une comparaison bien vulgaire, sans doute, mais encore plus vraie que vulgaire : les révolutions ressemblent un peu à ce barbier qui avait inscrit sur sa boutique : « *Ici on rasera demain pour*

rien. » Elles inscrivent sur la porte des contrées où elles dominent : « Ici on sera libre
demain. » Et ce lendemain qui doit apporter
la liberté, ce lendemain qu'on fait acheter
par tant de sacrifices, et de si cruels et de si
sanglants sacrifices, ne luit jamais ; chaque
jour il recule d'un jour, comme ces lueurs
trompeuses qui, fuyant devant le voyageur
qui les suit, finissent par le conduire jusqu'au
bord d'un précipice. En temps de révolution,
l'arbitraire, la violence, les proscriptions, la
cruauté, c'est toujours aujourd'hui ; la liberté, l'ordre, le repos, le bonheur, le droit
commun, c'est toujours demain.

Nous ne prétendons pas dire que la révolution de 1830 ait poussé aussi loin ces maximes de conduite que son aînée, mais cependant personne ne saurait nier que la situation
des journaux de la droite n'ait été extrême-
ment difficile après les événements de juillet,
et que l'égalité devant la loi, proclamée en
principe, n'ait guère été appliquée dans la
pratique des choses lorsqu'il s'agissait d'eux.
Non-seulement les saisies se multipliaient,
persécution préventive particulièrement fu-

neste à la presse, parce qu'elle l'atteint dans
la condition même de sa vie, la publicité,
mais l'on envoyait les journaux de la droite
se pourvoir devant un jury appartenant à la
ville où la révolution de juillet s'était accomplie, et dont la population nourrissait par
conséquent des préventions de toute espèce
contre les idées et les sentiments de la droite.
Ce n'était donc plus une justice véritable,
c'était la guerre civile qui continuait, et une
guerre civile sans grandeur, car il y avait un
des deux partis qui ne pouvait point se défendre, et que le parti vainqueur frappait à
coup sûr. C'est ce que M. Guizot a appelé,
dans un excellent écrit qui n'a pas vieilli,
qui, au contraire, a plutôt rajeuni, c'est ce
que M. Guizot a appelé la justice politique,
c'est-à-dire la plus souveraine des injustices;
car elle tient si mal la balance que les justi-
ciables sont condamnés, non plus à cause de
leurs actes, mais à cause de leurs opinions, et
qu'il y a un parti toujours coupable en face
d'un autre parti toujours innocent. Nous ne
savons pas s'il y a beaucoup de personnes
qui se donnent la peine de relire les réquisi-

toires de cette époque; cette lecture cause-
rait aujourd'hui un certain étonnement. Il
semblait alors aux dévouements furibonds du
parquet qu'il suffit de nommer les journaux
incriminés pour les faire condamner, quand
ils appartenaient à la droite; et comme le
parquet avait été en grande partie envahi par
la portion du barreau la plus hostile à la Restauration, les qualifications haineuses d'*éternels ennemis de la liberté et de complices de
l'étranger* étaient la préface de tous les ré-
quisitoires; de sorte que les jurés, qui arri-
vaient presque toujours avec des passions
hostiles aux journaux, se trouvant excités encore par ces appels à la haine, les procès in-
tentés à la presse de la droite étaient, à parler vrai, des exécutions politiques.

Nons avons promis de ne rien celer; nous
devons donc convenir que les journaux de la
droite mettaient aussi de la passion dans leur
polémique. Cela était presque inévitable après
une catastrophe aussi violente et aussi im-
prévue que celle qui venait de renverser la monarchie. Les sentiments de douleur qu'avait
inspirés la chute de la maison de Bourbon à

ceux qui lui étaient dévoués, l'indignation
qu'avaient allumée dans leurs âmes tant de
lâches transactions, de palinodies misérables,
tant de défections et de félonies, ce qu'il y
avait de véritablement odieux dans certaines
circonstances de la révolution de juillet et
dans le cynisme éclatant de certaines ingra-
titudes qu'on n'avait pu ni dû prévoir, il y
avait certes là une réunion de circonstances
bien propres à jeter la presse de la droite
dans des récriminations passionnées. En outre, la révolution, il ne faut pas l'oublier,
était sans pitié ; elle jouissait insolemment de
sa victoire avec une joie de parvenue ; elle
insultait le malheur, elle foulait aux pieds les
débris. Enfin, les journaux de la droite ré-
pondaient au cœur et à l'esprit d'une opinion
qui avait péri tout entière dans le naufrage
d'un ministère qu'elle n'avait pas choisi, et
qui voulait être au moins moralement vengée
de toutes les injustices auxquelles elle était
en butte, et de tous les outrages auxquels les
objets de son affection et sa respectueuse
pitié étaient en proie. Il fallait donc que les
journaux de la droite, qui étaient la voix de

parti, et qui lui donnaient la seule satisfaction qu'il pût goûter après la révolution de 1830, fussent agressifs, alors qu'il leur était même difficile de se tenir sur la défensive, et qu'ils fussent implacables, sur le terrain de la logique et de la discussion, envers ceux qui étaient sans pitié pour eux sur le terrain des faits.

Cette situation menait à quelque chose de plus violent encore que les saisies et les répressions judiciaires. Il y eut, en effet, un moment où l'existence matérielle des journaux de la droite devint problématique. On vit naître des émeutes contre ces journaux ; pendant plusieurs jours les scellés furent mis sur leurs presses ; à l'époque des troubles de juin, il y eut même un directeur de journal, homme de courage et d'énergie, M. le baron de Brian, qui fut cité devant un conseil de guerre. Enfin vinrent les provocations collectives et les duels qui semblèrent au moment de renouveler les passes d'armes du moyen âge. La guerre civile, ne pouvant éclater dans de grandes proportions, se réduisait à la miniature, et, faute de mieux, elle aurait accepté le combat des trente.

Jours difficiles, déjà séparés de nous par de

7

longues années, et auxquels nous croyons
cependant assister encore. Pendant plusieurs
soirées nous vîmes les bureaux de la *Quotidienne* (1) envahis par une foule hostile et
menaçante qui demandait à s'inscrire pour les
rencontres armées qui devaient avoir lieu le
lendemain. C'était au milieu de cet auditoire
tumultueux, et qui pouvait à chaque instant
devenir agressif, qu'il fallait préparer les articles attendus; et, au bruit des vociférations
de la portion la moins disciplinée de nos visi-
teurs, que les chefs, plus convenables et
moins violents, pouvaient à peine contenir,
qu'il fallait prendre les dispositions nécessaires à la publication du journal. Quelquefois
cette jeunesse n'avait pas assez ménagé les
toasts à la liberté; et c'est ainsi que nous
croyons voir encore une espèce d'orateur de
club, à la taille élevée et à la voix éclatante,
qui, proclamant que les carlistes avaient formé
le dessein d'égorger les patriotes au bal des
Variétés, témoignait à haute et intelligible
voix de son dévouement à la liberté de la

(1) L'auteur était alors un des rédacteurs de la
Quotidienne.

presse, après quoi il proposait de mettre les rédacteurs de la *Quotidienne* dans une position élevée qui, selon le mot de l'abbé Maury, n'aurait en rien éclairé la marche du préopinant.

Voilà l'esquisse incomplète de la situation des journaux de la droite après la révolution de 1830.

Journaux de la droite. — Difficultés de leur situation après 1830.

(SUITE.)

La presse de la droite se trouvait, on l'a vu, par suite de la révolution de 1830, dans une position très-difficile, et peut-être fut-ce un malheur pour cette opinion que les publicistes distingués qui rédigeaient les journaux anciens, n'aient pas eu la pensée de créer, à cette époque, un nouvel instrument de publicité qui, échappant, par la date de sa naissance, à la responsabilité des fautes commises, n'aurait pas été obligé de rentrer continuellement dans les récriminations du passé. C'est ce qu'on ne fit point, ou, du moins, c'est ce qu'on ne fit pas d'une manière heureuse et durable.

Tous les essais qu'on tenta échouèrent (1),
soit qu'ils n'aient pas réuni toutes les conditions nécessaires au succès, soit que la première condition du succès manquât, du moment que les anciens journaux continuaient
à exister, et que leurs propriétaires ne deve-
naient point les promoteurs de la mesure.

Les opinions de la droite demeurèrent donc
principalement représentées par la *Gazette* de
France et la *Quotidienne*. La *France* ne vint
que plus tard ; l'*Écho Français* s'occupa surtout de reproduire la physionomie générale
de la presse ; la *Mode*, dont nous dirons quelques mots, resta une revue, ce qui établit une
grande ligne de démarcation, car la fréquence
ou la rareté de la publicité modifie singulièrement la forme des journaux, et en chan-
geant leur cadre, change leur rôle.

Il y eut, après la révolution de 1830, deux
opinions très-tranchées qui, se dessinant dans
la droite, se reproduisirent dans la *Quotidienne* et la *Gazette de France*. Les uns attris-

(1) Le *Courrier de l'Europe*, le *Rénovateur*, le *Populaire royaliste*, etc.

tés par la retraite de Rambouillet, offensés
des insultes de la Révolution qui avait taxé les
hommes de la droite de lâcheté, et voyant en outre que la Restauration était tombée, les mains
pleines encore de ressources, crurent que ce
qu'il y avait de plus opportun, comme de
plus honorable, était d'en appeler à la force
et de tirer l'épée. Il faut tout dire ; en même
temps qu'ils avaient foi dans la guerre civile,
ils prévoyaient la guerre étrangère, et leur
sentiment de fierté nationale les poussait à
prévenir les désastres d'une troisième invasion. C'était ce qu'on pouvait appeler, à cette
époque, dans les opinions de la droite, le
parti militaire. Tant de braves officiers qui
avaient brisé leurs épées en 1830, une grande
partie de la population des provinces de
l'ouest, un grand nombre de royalistes méri-
dionaux inclinaient vers ces voies, et la *Quotidienne* était le journal qui représentait le
plus fidèlement cette fraction importante de
l'opinion royaliste.

Une autre fraction des opinions de la droite
ne croyait point à l'efficacité de l'emploi des
moyens matériels. Elle voulait des voies plus

pacifiques et plus régulières, l'emploi intelligent de l'influence des idées. A l'encontre de la nuance dont il a été parlé un peu plus haut, et qui voulait brusquer le dénoûment afin d'épargner à la France tous les maux qui devaient, dans la pensée de ceux dont nous parlons, résulter de la prolongation d'une épreuve que les hommes de la droite jugeaient devoir être onéreuse pour les intérêts de leur pays et désastreuse pour sa dignité, la fraction dont il s'agit croyait qu'il fallait avant tout agir sur les idées et par les idées, et qu'aucun résultat ne pouvait être obtenu dans l'ordre matériel, avant d'avoir été accompli dans l'ordre intellectuel et moral.

Ce fut ce qui motiva les travaux des publicistes de la *Gazette de France* et les grands efforts qu'ils firent pour réconcilier le principe du pouvoir et celui de la liberté. Ils sondèrent pour cela les profondeurs de notre histoire nationale, et montrèrent le principe de la royauté héréditaire et celui de la représentation générale des intérêts, ou de la liberté politique, réalisant par leur coexistence, à l'origine de notre histoire, la magnifique alliance

qu'il s'agissait de rétablir ; principes parallè-
les, distincts sans être séparés, indépendants
dans leurs attributions spéciales sans être
opposés. Sans doute les publicistes qui dérou-
laient le tableau de l'histoire de France, ne
niaient pas que ce qu'ils appelaient l'empire
des principes constitutifs de la société française, eût été fréquemment suspendu, mais ils
ajoutaient que, de même que les maladies, ces
perturbations momentanées de la constitution
et du tempérament des individus, n'empêchent
pas ce tempérament et cette constitution
d'exister et de se développer, de même la
violation exceptionnelle et temporaire des
principes constitutifs de la société française, ne saurait faire révoquer en doute
l'existence de ces principes. Ces maximes une
fois admises, ils expliquaient la crise où se
trouvait la France, ils en indiquaient le re-
mède. Ce qui avait produit la révolution de
89, c'était la suspension d'un des principes
constitutifs, la représentation générale des
intérêts pendant plus d'un siècle et demi. Ce
qui avait produit l'inconsistance du gouvernement depuis 93 jusqu'en 1815, c'était la

violation du principe de la royauté héréditaire. Ce qui avait causé la chute de la Restauration, c'est le conflit soulevé entre la royauté
héréditaire et le principe des libertés nationales par une loi d'élection qui mettait aux mains
de quelques-uns les droits qui appartenaient
à tous. Pour terminer cette révolution qui
durait depuis cinquante ans, comme le disait
M. de Talleyrand, que fallait-il faire ? Revenir aux principes constitutifs. Ainsi présenté,
le royalisme n'était pas seulement le dévouement à une dynastie, mais le dévouement aux
lois fondamentales du pays, et ce n'était pas
de la Restauration d'une race royale qu'il s'a-
gissait, mais de la Restauration de la France.

Maintenant qu'une vive polémique a amené
des explications complètes, on peut dire qu'il
n'y avait rien dans ces idées qui fût inconci-
liable avec celles de la *Quotidienne*. C'était, à
proprement parler, la justification historique
des idées politiques de la droite de 1815 ; et
ces idées étaient le fonds commun où toute
l'opposition de la droite alla puiser après la
Révolution de 1830 ; mais avec des idées communes on avait adopté des systèmes d'action

différents, et la différence de ces systèmes d'action amena souvent des conflits entre les deux journaux.

Le fait est que la *Quotidienne*, nous parlons de la *Quotidienne* des premières années de la révolution, — elle a souvent changé de mains depuis, et elle est aujourd'hui dans les idées de réforme électorale, et d'opposition légale et pacifique — était surtout préoccupée du soin de mettre en mouvement les forces du parti royaliste ; et que la *Gazette* était plus particulièrement attentive à recruter les forces, à les augmenter, à leur rendre la généralité des opinions sympathique : la première visait à maintenir le parti et à le rendre plus actif, plus homogène ; la seconde à faire tomber les barrières qui le séparaient des autres opinions, à dissiper les préventions et les préjugés qu'il excitait, à lui faire perdre ce qu'il pouvait avoir de trop exclusif, à séparer ses principes de l'alliage des abus qui pouvaient en avoir altéré la valeur. L'action de la *Quotidienne* tendait donc surtout à s'exercer dans le sein du parti, celle de la *Gazette* au dehors ; et si la première était plutôt la voix intérieure

7.

du parti, la *Gazette* en était plutôt la voix extérieure. C'est ce qu'une femme, d'un esprit à la fois élevé et ingénieux, exprimait d'une manière remarquablement spirituelle, en disant que, dans le parti royaliste, la *Quotidienne* était l'apôtre saint Pierre, et la *Gazette*, l'apôtre saint Paul.

Quand bien même la situation de guerre civile fût épuisée, et malgré les changements graves et fréquents qui eurent lieu dans le personnel de la *Quotidienne*, il demeura toujours quelque chose de cette différence primitive ; on peut dire, en ne prenant pas cette définition d'une manière trop absolue, que la *Quotidienne* représenta plus particulièrement le parti royaliste, se parlant intérieurement à lui-même, la *Gazette* le parti royaliste, se manifestant au dehors et s'adressant aux opinions contraires. Mais plus on s'est éloigné du temps où les deux journaux poussaient à des actions différentes, plus on a vu s'effacer les nuances qui les séparaient, et qui au fond étaient plus apparentes que réelles ; et un jour ils se sont trouvés réunis, sur le même terrain, dans le même symbole politique, les

principes monarchiques et les libertés nationales. Depuis ce moment, en politique, ils
agissent de concert.

C'est dans ce sens que le mouvement de la
presse de la droite a marché et marche encore. La *France* qui, pendant quelque temps,
sembla produire une dissonance au milieu de
cet accord, n'était au fond que l'expression
transitoire d'un doute sur la valeur des abdi-
cations de Rambouillet; et c'était plutôt une
question de personnes qu'une question de
principes qui la séparait des autres organes
de la droite. On l'a bien vu depuis que cette
question de personnes s'est trouvée naturellement résolue par l'extinction successive des
deux premières générations de l'exil, double
perte qui a mis dans le caveau des Francis-
cains de Goritz deux cercueils exilés, et dans
notre mémoire deux anniversaires de deuil.
A partir de ce moment, la *France*, qui était
en arrière, a pressé le pas pour rattraper le
corps de bataille.

Si nous voulions exprimer, par une image,
la situation des journaux de la droite, voici
la comparaison dont nous nous servirions : la

Gazette de France, comme une puissante initiative, est à l'avant-garde des idées; elle
pousse des reconnaissances hardies aussi loin
qu'elle peut aller. La *Quotidienne* s'avance
les yeux attachés sur son parti qu'elle exhorte
à l'action politique, et qu'elle attire sur ses pas.
La *France* mène l'arrière-garde avec laquelle
elle s'est attardée pendant quelque temps, mais
qu'elle fait marcher avec elle aujourd'hui.

Si chacun de ces journaux n'occupe pas la
même position sur la route, tous du moins
marchent sur la même route et dans le même
sens, tous par conséquent vont au même but.
Ils expriment donc les divers degrés qui existent dans l'unité royaliste, car un parti ne
marche pas entièrement du même pas, comme
un homme, parce que tous les esprits ne sont
pas jetés dans le même moule, et que tous les
élans n'ont pas la même portée.

Nous avons annoncé que nous dirions quelques mots de la *Mode*, et c'est justice, car
l'influence qu'elle exerce dans la droite est
réelle et importante. La *Mode*, qui s'est trans-
formée en marchant, comme c'est le devoir
de tout journal habile, attendu que tout

change sur la scène du monde, a commencé
par être un pamphlet spirituel et incisif. Puis,
s'élargissant successivement avec la situation,
elle a aspiré à devenir une revue; et sans renoncer à faire marcher les idées, elle a surtout été l'expression vive et chaleureuse des
sentiments des royalistes, c'est-à-dire des
sympathies et des antipathies qu'ils éprou-
vent. Non-seulement elle les a exprimées,
mais elle a visé à quelque chose de plus, à
nourrir ces répugnances, à rendre ces sympathies plus profondes; elle a creusé chaque
jour les abîmes que certains précédents mettent entre l'ordre de choses actuel et les
hommes de la droite; et sa persistance infati-
gable n'a pas laissé refroidir un seul de ces
tisons enflammés amassés sur la tête du système actuel, de même qu'elle n'a laissé briser
aucun des liens qui rattachent les cœurs à
l'exil. Elle a rempli à l'intérieur de son parti
la haute mission d'un tribunal d'honneur; elle
a fusillé devant les rangs ceux qui les avaient
quittés. C'est surtout par le côté des sentiments qu'elle a abordé toutes les questions, et
elle a ainsi exercé une influence très-réelle

sur la portion la plus jeune et la plus vive de
la droite. Le raisonnement même affecte, dans
la *Mode*, la forme du sentiment, à moins qu'il
ne prenne celle de l'épigramme : elle arrive
ainsi à une classe nombreuse de lecteurs que
la logique laisserait froids et indifférents.

Telle est la situation des journaux de la
droite à Paris, situation difficile comme celle
de toute opposition excentrique qui se place
en dehors des faits existants; mais situation
qui a de la dignité et de la noblesse, et qui
peut devenir très-forte avec le temps, si la
droite sait se faire dans le pays et à la Chambre la place qui lui appartient. Ce qui a nui
à la droite, et par conséquent à ses journaux,
depuis quinze ans, c'est qu'on les considérait
comme un obstacle au développement d'un
système d'idées dont on attendait de bons résultats. Nous arrivons à une époque à laquelle
le développement s'étant accompli en désen-
chantant les espérances, la droite et ses journaux pourront être considérés, non comme
un obstacle, mais comme un moyen. Mais,
pour cela, il faut la réunion de deux circonstances : il importe d'abord que l'on voie agir

le parti royaliste comme un parti homogène,
compacte, et réuni sous la forme d'une opposition sérieuse et vraiment nationale ; il importe ensuite que l'on sache, à ne pouvoir
pas en douter, que ce parti est derrière les
journaux qui le représentent. Des journaux
sans parti, un parti sans journaux, deux choses également impuissantes : les journaux
sans parti ressemblent à ces couleurs men-
teuses qui simulent sur la toile un corps qui
n'existe pas ; un parti sans journaux, c'est
une opinion qui abdique.

REVUES.

Homère, dans une des pages de son *Odyssée*,
compare les innombrables soldats d'une armée aux feuilles jaunies par l'automne, qu'un
vent impétueux emporte en rapides tourbil-
lons ; cette comparaison pourrait très-bien
s'appliquer aux revues. Les personnes qui
n'ont pas étudié la géographie de la publicité
ne se font pas une idée exacte de la multiplication prodigieuse des recueils périodiques.

Journaux des sciences, journaux des arts, journaux de l'agriculture, journaux pour les armées, journaux pour les avocats, journaux pour les médecins, journaux pour les notaires, journaux pour les forestiers, journaux pour les musiciens, journaux judiciaires, journaux pour les industriels, journaux pour les homéopathes, journaux pour les hydropathes, journaux du magnétisme animal, journaux fourriéristes, journaux dramatiques, journaux des francs-maçons, journaux des enfants, journaux des demoiselles, journaux des dames, journaux des modes, journaux militaires, journaux des tailleurs, journaux de la marine, journaux des haras, journaux des vétérinaires, journaux des couturières ; cette nomenclature déjà si longue est encore incomplète, et elle explique la naïveté de cet industriel qui, décidé à fonder un nouveau recueil, ouvrait son prospectus par cette phrase solennel : « Depuis longtemps le besoin d'un journal rose se faisait généralement sentir. »

Du reste, cette multiplication des organes de la presse, qui a ses avantages et ses inconvénients, n'est pas une maladie qui nous soit propre. Elle existe à un degré plus intense encore en Angleterre et en Amérique, et nous ne serons que justes, en ajoutant qu'elle a de plus graves inconvénients dans ces deux pays que chez nous. En Angleterre surtout, les *Weekly Magazine* poussent l'esprit de dénigrement et d'injures jusqu'à des excès qui, par comparaison, font paraître timides les malices les plus vives de notre *Charivari*, et les diableries les plus spirituelles du *Corsaire-Satan*. Le *Punch*, le *Satyrist* sont vraiment inarbordables pour le lecteur français, qui, comme l'a très-bien dit Boileau, veut être respecté.

Notre intention, on le pense bien, n'est pas d'écrire la statistique complète de tous les recueils périodiques qui existent ou qui ont existé à Paris. Ce serait une tâche aussi fastidieuse qu'inutile. Dans cette foule innombrable de journaux, il y en a beaucoup que leur spécialité même rend sans intérêt pour les personnes étrangères aux matières spéciales qu'ils traitent; il en est d'autres dont l'existence est éphémère ; car la publicité est comme Saturne, elle dévore ses enfants. Depuis quinze ans, combien de journaux ont

disparu après avoir végété quelque temps, et
quelle nécrologie n'y aurait-il pas à écrire
dans le royaume de la Presse! Nécrologie qui
aurait presque autant d'intérêt que l'histoire
que nous avons racontée, car il y a toujours
une raison aux choses de ce monde. Quand
un journal meurt, c'est que le terrain sur lequel il s'était placé n'était ni assez large, ni
assez fertile ; c'est que la pensée première
dont il était l'expression était inféconde, c'est
qu'il représentait une situation prescrite, un
principe sans application possible, un parti
sans avenir. C'est ainsi que nous avons vu
mourir *la Tribune*, qui était, dans la Presse,
la personnification des exagérations républi-
caines, et que *le Capitole* et les autres journaux quotidiens qui ont voulu ressusciter
parmi nous l'Empire descendu tout entier au
tombeau avec l'Empereur, sont venus expirer
dans la *Revue de l'Empire,* comme ces fleuves
dont les eaux tarissent et qui ne sont plus
qu'un faible ruisseau quand ils finissent. Ce
fait explique l'intérêt qui s'attacherait à une
nécrologie de la presse, on y verrait les opinions qui expirent, à côté des opinions qui

grandissent et qui se développent, et on verrait apparaître, comme dans une espèce
d'état civil des opinions en France, la feuille
des décès après celle des naissances. Mais ce
n'est point là le sujet que nous nous sommes
proposé ; nous voulons seulement, pour compléter le tableau que nous avons tracé de la
Presse parisienne, présenter quelques réflexions sommaires sur les principales *revues*.

Disons d'abord un mot sur la nature même
des publications de ce genre. Nous avons entendu répéter souvent, depuis la création de
la presse quotidienne à 40 francs, surtout,
que les revues étaient une anomalie, une
superfétation dans le royaume de la Presse.
Il semble en effet, quand on envisage cette
question à la surface, qu'avec l'immensité
toujours croissante des journaux quotidiens,
il devienne inutile de maintenir des recueils
qui, placés dans des conditions moins fré-
quentes de publicité, ne doivent rien avoir à
dire qui n'ait été dit avant eux. Cet argument
n'a pourtant qu'une justesse apparente et
relative : apparente, si on le juge à un point
de vue général, et d'une application relative,

si on le juge en l'appliquant aux recueils périodiques dont la rédaction est conçue et exécutée comme celle des journaux quotidiens. La presse quotidienne a sans doute deux très-grands avantages, l'à-propos et la continuité. Elle saisit chaque événement à son origine, et elle peut en suivre, jour par jour, le développement ; elle fait assister ses lecteurs à la germination des conséquences contenues dans les causes, elle tâte le pouls, chaque matin, à l'opinion publique, qu'on nous passe ce terme, et elle constate les progrès des faits et des idées, de manière à mettre tout le monde à portée de se rendre un compte exact de la marche des partis et des événements. Il y a deux choses que la presse quotidienne a rendues jusqu'à un certain point inutiles, la préfecture de police, du moins dans ses rapports avec la politique, et les fonds secrets. Ceux qui savent lire les journaux y trouvent gratuitement et sans se déranger les révélations et les indiscrétions que la police cherche laborieusement, et que les fonds secrets servent à payer. Les pensées et les projets les plus intimes des partis transpirent dans leurs

organes. Mais, à côté des avantages des journaux quotidiens, il y a des inconvénients.
Obligés de voir tous les jours, ils regardent
souvent trop vite ; suivant les questions dans
leur développement journalier, ils manquent
souvent de vues d'ensemble. On sait ce qui
arrive aux médecins qui ne quittent point un
malade ; ils finissent par ne pouvoir se rendre
un compte exact des changements qui se sont
opérés dans son état, leurs yeux se troublent
à force d'être fixés sur le même objet. Ajoutez
à cela que presque tous les articles, dans les
journaux quotidiens, étant écrits pour des
lecteurs superficiels, sont faits comme ils
devront être lus, c'est-à-dire un peu superficiellement. L'heure vous presse, l'imprimeur
attend, le lecteur voudra savoir demain votre
pensée sur l'événement qui arrive aujour-
d'hui. Il faut donc délibérer, se décider, et
exécuter à la fois ; la nécessité attend à votre
porte sous les traits d'un de ces jeunes appren-
tis, qui viennent réclamer le manuscrit nécessaire pour que le journal puisse paraître le
lendemain.

Ces considérations indiquent en quoi les re-

vues deviennent utiles, quand elles sont con-
çues et faites dans leurs conditions réelles
d'existence. Les revues ont moins d'à-propos
et moins de continuité, mais elles ont plus de
maturité et plus de solidité; elles étudient
moins curieusement chaque anneau de la
chaîne des causes et des conséquences, mais
elles peuvent embrasser, d'un coup d'œil plus
large, un espace plus étendu de cette chaîne,
voir d'une manière plus nette les modifications et les changements intervenus, juger les
questions dans leur ensemble, et par conséquent les juger mieux, rapprocher les faits
les uns des autres et les compléter les uns par
les autres, et aller du point de départ au
dénoûment pour revenir ensuite du dénoûment au point de départ. Ajoutez à cela
que les revues faites moins superficiellement
trouvent des lecteurs moins superficiels. Une
revue est un livre que l'on place chaque année dans sa bibliothèque, tandis que le journal quotidien est une feuille volante qui n'a
point de lendemain. Un journal vit un jour;
et le plus grand ennemi du numéro d'aujour-
d'hui, comme l'a dit un homme de beaucoup

de sens (1), ce sera le numéro de demain; une revue mensuelle vit un mois; on consent à l'étudier, au lieu de se borner à la lire. Si ses jugements sont moins prompts, ils peuvent être plus complets, plus justes, plus sûrs, et par conséquent plus définitifs. Elle substitue des arrêts mûris par la réflexion, aux illuminations de la presse quotidienne obligée de deviner, presqu'en courant, les conséquences dans leurs causes, et les événements dans leurs germes.

Ainsi s'explique l'existence simultanée des revues périodiques et de la presse quotidienne. Ce nom de *Revue* est bien choisi ; les recueils qui le portent ont une mission : c'est de *revoir* ce qui a été mal vu, ou incomplétement vu avant eux. Leur mission, s'ils savaient l'entendre, serait de dire toutes les vérités d'ensemble, de faire de l'or en barres qui serait ensuite monnayé par le journalisme quotidien. Qu'on nous pardonne de descendre à une comparaison qui manque de noblesse, mais qui rend parfaitement notre pensée : Quand on chasse à courre, on a une meute

(1) M. de Lourdoueix.

qui suit le gibier d'aussi près que possible et le mène, puis on a un limier pour retrouver la piste perdue et remettre la meute égarée sur la voie. Eh bien ! dans la presse, les journaux quotidiens, avec leur ardeur, leur rapidité, leur instantanéité, sont la meute ; les revues doivent être le limier.

Nous n'avons pas à revenir sur la *Revue des Deux-Mondes* et sur la *Revue de Paris* (1); nous avons dit qu'elles étaient devenues l'expression des idées dans le monde officiel, dans le monde dynastique, sans être nécessairement ministérielles, parce qu'elles peuvent choisir entre le ministère d'aujourd'hui et le ministère de demain.

La *Revue indépendante* a été fondée pour et par la démocratie. Georges Sand, M. Viardot, et plusieurs écrivains de cette nuance, y traitent les questions au point de vue démocratique avec un talent incontestable. Il y a là des spéculations élevées, des sentiments généreux, des études sérieuses ; mais l'instinct des choses pratiques manque généralement à ces études.

(1) La dernière a cessé d'exister, ou du moins s'est fondue avec un autre journal, l'*Artiste.*

Les revues sont plus rares dans le camp opposé. Le *Correspondant*, les *Annales*, l'*Université catholique*, le *Monde catholique*, traitent presque exclusivement les questions religieuses. Ces diverses publications offrent sans doute de l'intérêt, chacune dans le cadre qu'elle a adopté : ainsi, les *Annales* pour les questions où la science et la religion se rencontrent; l'*Université catholique* comme reproduction des cours les plus intéressants, conçus dans un esprit conforme au catholicisme ; le *Correspondant*, dans quelques-unes des appréciations des questions contemporaines; le *Monde catholique*, par la multiplicité des renseignements qu'on y trouve, offrent une lecture attachante et variée. Mais cependant ces recueils, il faut en convenir, n'ont ni l'autorité ni le crédit des revues anglaises et écossaises, ni même la notoriété de la *Revue des Deux-Mondes*. D'où cela vient-il? Est-ce de l'absence de la politique qui tient sa place dans la *Revue des Deux-Mondes* à côté de tous les autres sujets? Est-ce de la préoccupation d'un objet spécial, traité pour une classe de lecteurs particuliers?

8

Nous croyons que ces deux motifs à la fois exercent leur influence et amènent l'état de choses dont nous sommes frappés. Les revues religieuses remplissent plutôt une mission intérieure qu'extérieure. Elles ressemblent à la chaire chrétienne dont les accents, quelque élevés qu'ils soient, vont mourir sous les arceaux des églises, sans retentir au dehors, au milieu des populations qui passent indifférentes et ignorent même que la parole de vérité retentit si près d'elles. Cette idée a souvent été l'objet des réflexions des fondateurs de la *Lecture et la Censure,* qui, elle aussi, a pris sa part dans ces grandes luttes de la pensée, et c'est une des raisons qui les ont décidés, il y a dix-huit mois, à ouvrir leur Recueil à la politique qui en était exilée. Il leur a semblé qu'il ne fallait murer aucune des issues par lesquelles un journal a vue sur les faits et sur les idées, et que la *Lecture* demeurerait incomplète, s'il lui était interdit de suivre, dans les événements, l'influence des principes posés, et de combattre, sur tous les champs de bataille, les causes malfaisantes enfantant de pernicieux effets. Souvent il leur

vient une noble ambition, qui les pousse à
une œuvre qui serait importante, mais qui est
difficile. Ce serait de mettre la *Lecture* dans
les conditions nécessaires pour rendre des services plus grands encore que ceux qu'elle a
rendus, de ne plus se borner à faciliter l'accès
de la vérité aux classes populaires par les
bibliothèques qu'elle fonde avec le produit de
ses abonnements, et à prémunir les esprits
contre les mauvais livres par un *Bulletin de
censure*, service mensuel rendu à la morale et
à la bonne littérature; mais de chercher à
établir son ascendant sur les hauteurs des
champs de bataille, et d'arriver à tous les esprits; en un mot, de faire de leur journal une
espèce de *Revue des Deux-Mondes* monarchique et catholique, afin que la vérité combattît
l'erreur à armes égales; c'est ce qui a déter-
miné les directeurs intelligents de cette *Revue*
à la faire paraître deux fois par mois.

Encore une fois, c'est là une œuvre difficile,
mais grande. Elle remplirait un vide; elle
donnerait un nouvel et puissant instrument aux
idées vraies et utiles, et nous ne pouvions la
passer sous silence, en faisant mention de la

Lecture et la *Censure*, qui a pris, dans ces derniers temps, une place importante dans les
rangs de la presse parisienne. Qu'on y réflé-
chisse, en effet, l'ascendant de nos adversaires
peut s'expliquer d'un mot ; ils sont maîtres des
sources des fleuves intellectuels ; nous voulons
dire que ce sont eux qui ont fait les livres et qui
font les journaux où le plus grand nombre va
chercher ses idées. Tant que nous ne serons
pas maîtres de ces sources, nous ne pourrons
rien. Si nous faisons aussi bien qu'eux, comme
la vérité est avec nous, la journée sera nôtre.
Mais la lumière a été faite pour être placée
sur le flambeau, c'est ce qu'on oublie un peu
trop de nos jours. Il ne suffit pas d'avoir raison, il faut mettre dans la propagation de la
vérité autant d'ardeur, de suite, de persévérance et de talent, que nous en voyons mettre
autour de nous dans la propagation de l'erreur. Le Christ, tout Dieu qu'il était, ne l'oublions pas, parcourut la Judée en expliquant
l'Évangile et en le confirmant par des miracles,
et lorsqu'il quitta la terre, il envoya ses Apô-
tres dans toutes les parties du monde pour
annoncer la bonne nouvelle aux nations.

LOUIS-ANTOINE DE FRANCE, duc d'Angoulême.

Une nouvelle tombe vient encore de s'ouvrir dans l'exil, et un des princes de cette race illustre, qui a tant fait pour la grandeur et la gloire de la France, y est descendu. N'imitons pas ces hommes qui croient, comme parle Bossuet, que tout est faible dans les princes malheureux! Jetons un regard sur cette vie qui vient de finir ; la patrie doit un souvenir aux exilés à qui les passions politiques refusent un tombeau.

Louis-Antoine de France, duc d'Angoulême, naquit à Versailles le 16 août 1775, du mariage du comte d'Artois avec Marie-Thérèse de Savoie. Il n'avait donc que quatorze ans au moment où la Révolution de 1789 commença, et lorsqu'il quitta la France avec le comte d'Artois son père. Le vertueux duc de Sérent avait été chargé d'élever son enfance, et le jeune prince avait profité des soins d'un si digne gouverneur. On peut en juger par une anecdote que nous empruntons à l'ouvrage de M. Charles du Rozoir sur la vie privée des

8.

Bourbons. « Le bailli de Suffren, dit-il, après
« avoir soutenu avec tant d'éclat l'honneur
« du pavillon français sur les mers d'Asie,
« était de retour à Versailles. Il vint faire sa
« cour aux enfants de M. le comte d'Artois,
« au moment où le duc d'Angoulême s'occu-
« pait d'une leçon d'histoire : *Je lisais l'his-*
« *toire d'un héros,* s'écria le prince en em-
« brassant Suffren, *j'en vois un maintenant.* »
Avant que la Révolution eût éclaté, Louis XVI
avait arrêté le mariage de Madame la Dauphine avec M. le duc d'Angoulême ; les troubles qui ébranlèrent la société française jusque
dans ses fondements ne firent que suspendre
ce projet ; Marie-Thérèse de France devait
respecter en exil la volonté de son père assassiné, comme elle l'aurait respectée dans les
royales Tuileries.

Ce fut en Sardaigne, à la cour du roi, son
aïeul, que le duc d'Angoulême se rendit, sous
la conduite du duc de Sérent, son gouverneur,
avec son frère le duc de Berry. Quand on fut
arrivé à l'extrême frontière de France, les
deux jeunes princes demandèrent au duc de
Sérent de descendre de voiture, pour contem-

pler encore une fois cette terre de la patrie
dont ils allaient s'éloigner. Appuyés contre le
poteau aux armes de France, ils regardèrent
pendant quelque temps les campagnes qui
s'étendaient devant eux. Quand ils furent re-
montés, monseigneur le duc de Berry dit :
« Nous reviendrons ! » Monseigneur le duc
d'Angoulême reprit : « A quand le retour ? »
Ce prince, dès sa plus tendre enfance, avait
un fond de tristesse et de timidité dans le
caractère ; l'exil et le malheur ne purent ni
l'égayer ni l'enhardir.

Arrivé à Turin, monseigneur le duc d'Angoulême étudia l'artillerie pendant le temps
qu'il demeura dans cette ville. Il y rencontra
le duc d'Enghien. « Les jeunes princes, dit
« l'historien de la vie de ce dernier, parlaient
« de Versailles, de Chantilly, de la France et
« du bonheur d'y rentrer bientôt. Déjà on
« avait conçu quelques espérances, l'exagé-
« ration des principes sur lesquels on voulait
« élever le nouvel édifice social commençait à
« effrayer les gens de bien qui n'avaient voulu
« que la réforme des abus. » Ces espérances
furent trompées, comme on sait, et le comte

d'Artois quitta l'Italie pour se rendre sur le Rhin, où la guerre allait commencer. Ce ne fut que plus tard que monseigneur le duc d'Angoulême le rejoignit, et déploya dans cette douloureuse guerre qui armait des Français contre des Français, une valeur froide et un grand mépris du danger. Il se fit remarquer à la fin de l'année 1800 par ses qualités militaires sur les bords de l'Inn, au moment même où l'Autriche allait signer un armistice avec la République.

Un peu avant cette époque, le 10 juillet 1799, monseigneur le duc d'Angoulême avait épousé la fille de Louis XVI à Mittau. Ainsi c'était sur la terre étrangère et dans la chapelle des ducs de Courlande, que ces deux destinées, promises l'une à l'autre dans les pompes de Versailles, s'unissaient. Spectacle digne d'une mémoire éternelle, l'abbé de Firmont, ce vénérable prêtre qui avait assisté le Roi martyr dans son dernier sacrifice, était agenouillé sur un prie-dieu, auprès de la jeune et royale épousée, à laquelle il semblait apporter la bénédiction paternelle descendant du grand échafaud. Un petit nombre d'années s'étaient à peine écoulées, lorsque le confesseur de Louis XVI mourut d'une maladie contagieuse dont il avait été atteint en soignant des prisonniers français. Monseigneur le duc et Madame la duchesse d'Angoulême suivirent à pied les funérailles de ce religieux témoin du martyre de Louis XVI.

Lorsqu'en 1803 Bonaparte, premier consul, demanda à Louis XVIII exilé de renoncer à la couronne de France, monseigneur le duc d'Angoulême fut le premier à s'associer à cette belle réponse que l'histoire a conservée, comme on le voit par la fin de la lettre que le duc d'Enghien écrivit au roi, à cette occasion, et dans laquelle il lui disait : « Que votre Majesté daigne me permettre de joindre ma signature à celle de monseigneur le duc d'Angoulême, adhérant de cœur et d'âme à la lettre de mon roi (1). » Quand les Bourbons quittèrent Varsovie pour l'Angleterre, le duc d'Angoulême y accompagna la fille de Louis XVI et le roi Louis XVIII, et partagea toutes les

(1) Cette lettre du duc d'Enghien, écrite à Ettenheim, est du 22 mars 1803.

vicissitudes de eur exil à Gosfield Hall et Hartwel. Il avait perdu la princesse sa mère à Gratz, en Styrie, le 2 juin 1805.

De 1809, époque où la famille royale alla s'établir à Hartwel dans le château de sir Georges Lee, jusqu'en 1814, les années du prince s'écoulèrent dans la triste monotonie de la vie de l'exil. Quand on apprit à Hartwel que la France était menacée d'une invasion, les princes de la maison de Bourbon pensèrent que le moment était venu de se jeter entre la coalition victorieuse et la France épuisée. Monseigneur le duc d'Angoulême quitta donc Hartwel au commencement de cette année, et, gardant le plus strict incognito, il voyagea sous le nom de comte de Pradel, et s'embarqua pour tenter de pénétrer sur le territoire français. Il était à St-Jean-de-Luz quand le duc de Wellington lui fit signifier d'avoir à se retirer sur les derrières, afin de ne pas compromettre les négociations entamées à Chaumont; preuve éclatante que ce ne fut pas, comme on l'a dit, la volonté de l'étranger qui rétablit les Bourbons en France, mais la force des choses et la puissance du

principe monarchique qui pouvait seul ras-
sembler les débris du naufrage de notre fortune. Les dispositions favorables de la ville de
Bordeaux donnèrent le signal d'une restauration qui, peu de jours encore auparavant,
semblait impossible. Une députation quitta la
ville pour marcher au-devant du prince, et
l'invita à entrer à Bordeaux, que les autorités
impérialistes avaient évacué; et, le 12 mars,
le duc d'Angoulême fit son entrée dans la
ville au milieu d'un enthousiasme universel.
En proclamant la monarchie légitime, Bordeaux évitait l'occupation de l'embouchure
de la Garonne par les forces anglaises. La
proclamation que monseigneur le duc d'Angoulême fit dans cette circonstance est remarquable par l'esprit de modération et de
conciliation qu'elle révèle. « Si je n'ai pas dû,
» disait-il aux Bordelais, retenir le premier
» élan de vos âmes, je dois vous supplier, ô
» Français, de vous abstenir de tout esprit
» de parti, et d'éviter ainsi un malheur pire
» encore que la tyrannie. »

Cette journée du 12 mars eut une grande
influence sur la marche générale des événe-

ments; elle indiquait à la France le port où elle pouvait chercher un asile contre l'invasion. La France comprit cet avertissement, et, au moment où l'Europe, dans toute l'insolence d'un jour de victoire, pouvait tout entreprendre contre notre nationalité, on vit la maison de Bourbon mettre dans les mains de la France désarmée le sceptre de Louis XIV pour remplacer l'épée de Napoléon, et obtenir ainsi les respects de l'Europe pour la majesté des souvenirs, alors qu'elle n'était plus arrêtée par le prestige de la force et les éblouissements de a victoire.

Pendant cette première Restauration, qui dura peu, comme on sait, monseigneur le duc d'Angoulême fut chargé par le Roi de visiter les ports, les places fortes, et de passer en revue les troupes cantonnées dans nos provinces méridionales. Il était à Toulouse quand il apprit le débarquement de Bonaparte qui, semblable à un de ces aigles qu'il avait donnés pour enseigne à ses soldats, avait pris son vol de l'île d'Elbe, et s'abattait sur la monarchie qui luttait encore contre les difficultés d'une restauration. Le duc d'Angoulême

eut la hardiesse de regarder en face la fortune de Napoléon qui, depuis tant d'années,
prévalait contre la fortune de la maison de
Bourbon. Il organise une haute direction,
met en mouvement des troupes, et marche dans la direction de Lyon, après s'ê-
tre montré à Montpellier et à Nîmes. Son intention était d'arrêter la marche de Napoléon
en organisant ce hardi mouvement sur ses
derrières.

Tout sembla d'abord sourire aux vœux du
prince. A la tête des troupes qui l'avaient
suivi à Nîmes et des volontaires de Vaucluse,
il marchait sur Valence avec les généraux
Ernouf, d'Aultane, Monnier, Gardane, Lo-
verdo, d'Escars, Peyremont, Damas, Berge.
Le colonel Magné protégeait la rive droite du
Rhône, et remontait ce fleuve à la hauteur de
la petite armée royale pour combiner ses
mouvements avec elle. Le général Merle occupait le pont Saint-Esprit. Le 2 avril, avant
d'arriver au village de Loriol, l'armée royale
éprouva une vive résistance. Il fallut empor-
ter à la baïonnette plusieurs collines jusqu'aux
bords de la Drôme, au delà de Loriol. Les

9

troupes impériales, sous les ordres du général Debelles, avaient une artillerie bien ser-
vie, et le pont était défendu d'une manière
formidable. Cependant les grenadiers conduits
par le prince enlevèrent le passage à la baïonnette ; les volontaires de Vaucluse et du
Gard, les étudiants de Montpellier passèrent
la Drôme à gué ayant de l'eau jusqu'à la cein-
ture ; les troupes impériales furent culbutées
au cri de *vive le Roi !* Vainqueur, le prince
qui pendant le combat s'était fait remarquer
par son courage, contint la fureur de ses
soldats qu'avait exaspérés la vue de plusieurs
transfuges dans les rangs opposés, et il empêcha les siens d'abuser de la victoire en leur
criant : « Mes enfants, ce sont nos frères, des
Français égarés. » Deux canons, deux drapeaux, huit cents prisonniers furent le résultat de cette journée (1). Monseigneur le
duc d'Angoulême déploya autant d'humanité
après le combat qu'il avait déployé de valeur
pendant l'action : comme un digne fils de
saint Louis, il ne vit plus que des enfants

(1) Nous empruntons ces détails à une lettre iné-
dite de M. le vicomte de Seguins-Vassieux.

dans les blessés impérialistes, et voulut s'assurer par lui-même qu'on suivait les ordres
qu'il avait donnés de les soigner tous, comme
s'ils avaient été atteints à ses côtés en défen-
dant le drapeau blanc. L'armée enthousias-
mée par ce premier avantage, voulait aller
coucher à Valence, mais le prince craignit
les effets qui pouvaient résulter d'une entrée
de nuit dans une ville dont on connaissait les
sentiments hostiles à la cause royale, et où
les troupes qu'il conduisait pouvaient être
tentées d'exercer des violences plus difficiles à arrêter dans les ténèbres; il fit donc
bivouaquer ses troupes au village de la
Paillasse. C'est au sujet de cette expédition
que M. de Chateaubriand, digne appréciateur
du courage, a écrit ces lignes, qui appartiennent à la mémoire de monseigneur le duc
d'Angoulême : « L'entreprise héroïque de mon-
« seigneur le duc d'Angoulême prendra son
« rang parmi les faits d'armes de l'époque ;
« sagesse et audace du plan, rapidité de l'exé-
« cution, tout s'y trouve. Le prince, jusqu'a-
« lors éloigné des champs de bataille par la
« fortune, se précipite sur la gloire, aussitôt

« qu'il l'aperçoit, et la ressaisit comme une
« portion du patrimoine de ses pères. »

Les désastres du troisième corps en Dauphiné, l'arrestation du baron de Vitroles, commissaire général à Toulouse, la défection des troupes sur tous les points, l'évacuation du pont Saint-Esprit par le général Merle, obligé de se retirer devant des forces supérieures, contraignirent l'armée royale à abandonner Valence et Romans, et à opérer sa retraite sur la Drôme. Bientôt tout espoir de résistance fut perdu. La petite troupe qui suivait le duc d'Angoulême étant entourée de tous côtés, une capitulation devint inévitable. Au lieu de se retirer, comme il l'aurait pu, le duc d'Angoulême songea à ceux qui le suivaient. Il fit violence au courage des grenadiers du dixième qui pleuraient en lui rendant leurs drapeaux, et signa une convention d'après laquelle son petit corps d'armée devait être licencié sans qu'aucun de ceux qui en avait fait partie pût être recherché ; quant à lui, il devait s'embarquer à Cette. Ce dernier article de la capitulation ne fut pas sanctionné par le général Grouchy ; et le prince, contre toutes les lois de la guerre, fut tenu en état d'arrestation. Le premier mouvement de Bonaparte fut de lui réserver le sort du duc d'Enghien. La fermeté du duc d'Angoulême, qui ne se faisait pas illusion sur le danger de sa situation, n'en fut pas ébranlée. Il écrivit au Roi une lettre où l'on remarquait cette phrase : « Je suis résigné à mon sort ; je ne « crains ni la mort ni la prison ; que, pour « me tirer d'embarras, le Roi ne consente à « rien d'indigne de sa couronne. »

Sur les représentations de plusieurs de ses serviteurs les plus dévoués, Napoléon revint à des sentiments plus généreux, et le martyrologe de la maison de Bourbon compta un nom de moins. La France dut s'en féliciter doublement, lorsqu'en 1815, à l'époque de la seconde Restauration, M. le duc d'Angoulême la préserva d'une invasion espagnole, qui venait s'ajouter à tant d'invasions. Voici la lettre adressée par ce prince, alors à Bordeaux, à la date du 25 août 1815, au marquis de Laval de Montmorency, ambassadeur à Madrid. Elle mérite d'être conservée comme un monument du service rendu au pays par le fils

aîné du roi Charles X : « Je vous envoie,
« mon cher prince, une lettre pour le roi
« d'Espagne ainsi que la copie. Je partirai à
« une heure pour Perpignan, où je compte être
« pour la journée de dimanche. J'ai écrit
« hier des lettres très-fortes à Castanos et à
« l'Abisbal. Ce qu'il y a de certain, c'est que,
« s'ils veulent entrer en France, il faudra
« qu'ils me passent sur le corps. Notre midi
« est excellent et ne donne point de prétexte
« à l'invasion d'une armée étrangère. Le reste
« de la France est déjà assez malheureux. Je
« compte sur la plus vive et la plus forte
« coopération de votre part. Je ne suis plus
« rien, je ne suis plus revêtu d'aucuns pou-
« voirs civil ni militaire, mais le roi m'ayant
« mandé, en date du 18, qu'il avait donné les
« ordres de repousser la force par la force,
« et de contribuer avec lui à préserver notre
« patrie de l'invasion des Espagnols, je
« me présenterai comme soldat au-devant
« d'eux. » Cette démarche énergique arrêta
le général Castanos, qui s'avançait à la tête
d'une armée de quarante mille hommes, et
bientôt le duc de Guiche, aide-de-camp du

prince, apporta à Bayonne la nouvelle que le
roi d'Espagne se rendait à ces observations.
Le lieutenant-général Ricard annonça publi-
quement cette nouvelle au théâtre. Il ajouta,
en l'annonçant : « Quelle reconnaissance ne
« devons-nous pas au prince qui a sauvé deux
« fois ces belles contrées ! »

Pendant toutes les premières années de la
Restauration, M. le duc d'Angoulême vécut,
on peut le dire, dans la vie privée, à côté du
trône. C'était le plus soumis des sujets et le
plus tendre des fils. Les seuls traits qu'on rapporte de lui à cette époque sont des traits de
bonté, de générosité et de clémence. Il disait : « Dans notre famille, quand on par-
« donne, on a oublié. » Il obtint la commu-
tation de peine du général Debelle, et le
sachant dans la gêne, il lui fit accepter un
secours d'argent à Besançon. C'était la seconde victoire que le duc d'Angoulême rem-
portait sur cet officier qu'il avait déjà ren-
contré au pont de la Drôme.

La page la plus brillante de la vie que nous
esquissons fut la campagne d'Espagne. Nous
ne louerons pas le prince de ce qu'il fit dans

cette campagne, une voix plus éloquente que
la nôtre l'a dignement loué. « Le 28 septembre
« 1823, dit M. de Chateaubriand dans le con-
« grès de Vérone, le duc d'Angoulême, visi-
« tant la ligne d'attaque contre l'île de Léon,
« s'exposa pendant un long espace de onze
« cents toises, au feu des batteries espagnoles.
« Un boulet l'ayant couvert de débris, il dit :
« *Vous conviendrez, messieurs, que si je suis*
« *tué, je finirai en bonne compagnie et à la*
« *française.* Quelques jours après cette vive
« attaque, le roi Ferdinand VII, accompagné
« de la reine, des princes et princesses de sa
« famille, mettait à la voile, ses priames
« dorées, au bruit des salves d'artillerie ; on
« eût dit un vainqueur qui sort triomphant
« d'une grande bataille. » C'est alors qu'on
vit le libérateur, s'agenouillant noblement
devant le monarque délivré, lui offrir cette
épée qui venait de faire tomber les portes de
sa prison, et que les petits-fils de Louis XIV,
s'embrassant aux confins de l'Europe, au bord
de cette mer magnifique, là où s'endort le
soleil, célébrèrent ensemble l'œuvre du grand
roi rétablie, et la France et l'Espagne réunies

par d'indissolubles liens ; beau spectacle que l'Angleterre apercevait, avec une colère impuissante, du haut de son rocher de Gibraltar. Quand la fille de Louis XVI apprit l'heureuse issue de cette campagne et la délivrance de Ferdinand VII, elle écrivit une lettre qui se terminait par cette exclamation filiale : « Il « est donc prouvé qu'on peut sauver un roi « malheureux ! »

Cette campagne d'Espagne fut, nous l'avons dit, la page la plus brillante et la plus heureuse de la vie du prince. Il y montra à la fois de la modération et de la valeur, et toutes les opinions se trouvèrent d'accord pour le louer. Dans les dernières années de la Restauration, il s'occupa avec activité de toutes les affaires qui relevaient du ministère de la guerre, et partagea son temps entre ces occupations et des actes de charité qui n'avaient d'autres limites que celles de sa fortune. On peut en juger par le fait suivant, rapporté par un ministre qui était allé demander, à la fin de l'année, un secours à M. le duc d'Angoulême, pour une commune. Celui-ci parut éprouver quelque contrariété, puis, surmontant son embarras :

9.

« Monsieur, lui dit-il, j'en suis fâché, il faudra
revenir. Je me suis fait une loi de rendre
régulièrement à la France, chaque année, ce
que je recevais d'elle. L'année finit aujour-
d'hui, mon revenu a fini avec l'année, et j'ai
donné ce matin tout ce qui me restait. Re-
venez demain. » Voici un autre trait qui date
de la même époque, et qui nous a été raconté
par le même ministre ; on y verra la preuve
des sentiments nationaux qui animaient le
cœur du prince. « Monseigneur le Dauphin,
disait ce ministre, n'était pas favorable à
l'expédition d'Alger ; il objectait que cette
expédition détournait la France de la grande
pensée qu'elle devait toujours avoir en vue,
celle de recouvrer ses anciennes limites entamées en 1815. C'était son idée fixe. »

Ce fut cependant M. le duc d'Angoulême qui
passa en revue les troupes de terre et de mer
au moment de l'expédition d'Afrique. Si ce
magnifique commandement lui avait été donné, la révolution eût été impossible ; elle eût
manqué de prétexte contre lui, et il n'y aurait eu qu'une abdication à Rambouillet. Il y
en eut deux. L'histoire jugera celle du prince,

elle dira si sa soumission filiale ne l'entraîna pas trop loin, et ne lui fit pas oublier d'autres devoirs. Nous sommes peut-être trop près encore de ces événements pour les apprécier; et c'est à la postérité qu'il appartiendra de prononcer sur cette époque de la vie de M. le duc d'Angoulême. Citons seulement, à ce sujet, les propres paroles qu'il adressa à M. Hyde de Neuville sur la terre étrangère : « J'ai cru que, plus j'étais rapproché du trône, plus je devais l'obéissance au roi. Neveu ou fils, j'ai suivi cette ligne de conduite et je la suivrai toujours. Les hommes ont différentes manières de juger les choses, Dieu n'en a qu'une. Il lit dans les cœurs, il sait si mes intentions ont été pures, si je veux avant tout le bonheur de la France. Il me jugera. Pour moi, je pardonne bien sincèrement à tous ceux qui ont eu des torts envers ma famille, que Dieu leur fasse miséricorde! »

Pendant quatorze années qu'il passa dans divers exils, à Lullwort, à Édimbourg, dans le vieux palais d'Holyrood, hanté par les ombres mélancoliques des Stuarts, puis à Pragues et à Goritz, M. le duc d'Angoulême

déploya ces vertus de résignation et de soumission à la Providence que le ciel lui avait
données. Ses adversités furent patientes et
douces, et ses charités ne reconnaissant point
les prohibitions de l'exil, le rendirent présent
sur la terre de France. Il n'oublia pas plus
les devoirs du sang que ceux de la nationalité,
et depuis que le roi Charles V fut contraint
de chercher un asile en France, l'exilé de
Goritz réalisa un superflu sur son nécessaire
pour l'envoyer à l'exilé de Bourges. La seule
joie peut-être que ressentit le cœur du fils de
Charles X sur la terre étrangère, fut celle
qu'il éprouva en apprenant l'effet produit par
son bien-aimé neveu, M. le duc de Bordeaux,
sur les deux mille Français qui étaient allés le
saluer à Londres. Le prince, déjà malade,
remercia Dieu, et lui dit dans son cœur,
comme le vieillard Siméon : « Maintenant,
Seigneur, vous pouvez rappeler votre serviteur à vous. »

M. le duc d'Angoulême est mort comme un
Bourbon, c'est-à-dire qu'il est admirablement
mort, car cette race sainte grandit toujours
dans cette dernière épreuve. Il y a une science

bien haute que, depuis Louis XIV, les Bourbons n'ont jamais perdue, ils savent mourir. Dans un palais, au milieu des pompes de la puissance, sur l'échafaud, au bruit des tambours de Santerre, dans les fossés de Vincennes, à la pâle lueur d'une lanterne qui éclaire à demi les apprêts d'une exécution militaire, sur le lit dressé à la hâte, dans une salle d'opéra pour recevoir un prince assassiné, dans un exil lointain où ils ne sont entourés que de quelques serviteurs éplorés qui représentent auprès d'eux la patrie absente, ils conservent cette science de la mort qui est particulière à leur race, et on peut toujours leur appliquer cette belle parole prononcée auprès du duc de Berri mourant : « C'est un règne qu'une pareille agonie. » Jetez les yeux sur le lit de souffrance où l'auguste fils de Charles X achève d'épuiser le calice des douleurs humaines que la main de Dieu remplit pour lui jusqu'au bord. Vous demeurerez étonné de sa foi, de son courage et de son humilité. C'est lui qui demande les secours de la religion qui effraient les faibles et rassurent les forts. Par un sentiment d'humilité, digne de son aïeul saint Louis, il ne veut pas qu'on avertisse l'archevêque, le vicaire de service à la paroisse suffira. C'est ainsi que le petit-fils de Louis XIV veut établir cette égalité de tous les hommes devant la croix, que le Christ nous a annoncée du haut du Calvaire. L'archevêque faisant en quelque sorte violence à cette royale humilité, apparaît avec son clergé pour porter le viatique et le sacrement des mourants à l'auguste malade. A quoi le trouve-t-il occupé? Est-ce à chercher à se faire illusion sur la gravité de son état? Non, il le trouve écoutant un sermon de Bourdaloue sur la mort.

C'est dans ces religieuses méditations que M. le duc d'Angoulême passa les derniers mois de sa vie. Quand la mort vint le frapper, elle ne le surprit pas, elle le trouva prêt, il l'attendait depuis longtemps. Dans ces suprêmes journées, Louis-Antoine de France ne fut distrait de ses saintes pensées que par une préoccupation nationale. Aux jours de ses prospérités, il avait fait faire un magnifique ouvrage, tiré à un seul exemplaire, avec dessins, lignes et texte explicatif, et qui con-

tenait le plan de toutes les places fortes de
France, avec l'exposition du meilleur système
d'attaque et du meilleur système de défense.
Quand il se sentit près de sa fin, il l'envoya
en France, aux archives de la guerre, ne
voulant pas que ce précieux ouvrage pût jamais tomber dans les mains de l'étranger. Nous
terminons la vie de M. le duc d'Angoulême
par ce beau souvenir. N'y eût-il que cet acte
dans la vie de Louis-Antoine de France, il
suffirait pour justifier l'hommage que nous lui
avons rendu. Honneur à l'exilé qui conserve
sur la terre étrangère le culte de la patrie
absente, et qui songe encore en mourant à
préserver le sol natal des périls qu'il peut
courir! Honneur au petit-fils de Louis XIV,
dont la dernière pensée fut une pensée chrétienne, et l'avant-dernière pensée une pensée
française. Si la France était juste, ou plutôt
si elle était consultée, ce dernier legs lui vau-
drait un tombeau au pays de ses aïeux.

REVUE DE L'ANNÉE 1845.

L'année qui achève en ce moment son cours commença, on le sait, par un étrange spectacle. Dans la discussion de l'adresse, au début de la session, les deux nuances du parti conservateur en vinrent aux mains. M. Molé étant las de son repos, et M. Guizot n'étant pas las du ministère, il y eut une rencontre à armes discourtoises, et, des deux côtés, l'on se dit de rudes vérités. M. Guizot parla à M. Molé des méchants malfaisants et des méchants complaisants, et se plaignit des *faux conservateurs*. M. Molé flétrit, en regardant M. Guizot en face, les hommes de la politique à outrance. Tous deux avaient raison, et si Tacite a écrit quelque part que le spectacle le plus délicieux pour un Romain était celui de deux armées barbares s'entre-détruisant, c'était un spectacle à la fois satisfaisant et instructif pour les Français dignes de ce nom, que le spectacle que donnèrent, dans les premiers jours de l'année 1845, les ennemis de nos intérêts nationaux, de nos libertés et de nos gloires s'entr'accusant devant le pays. De tous les noms, en effet, celui qui a été le plus scandaleusement usurpé, c'est celui de conservateurs. Conservateurs de quoi? est-ce de nos finances obérées? est-ce de notre grandeur nationale compromise? est-ce de nos libertés nationales embastillées? est-ce de la justice remplacée par l'arbitraire? est-ce de la morale publique corrompue? est-ce du caractère français altéré? est-ce de la religion livrée à des attaques systématiques? est-ce de nos intérêts les plus chers immolés à l'alliance anglaise? Non, les conservateurs n'ont conservé qu'eux-mêmes, ils sont conservateurs de leurs porte-feuilles, conservateurs de leurs emplois, conservateurs de leurs traitements, conservateurs de l'arbitraire dont ils usent et dont ils abusent, conservateurs du budget qu'ils écorniflent, conservateurs des fonds secrets dont ils disposent, conservateurs des bastilles, de la corruption et de l'abaissement continus, par lesquels ils espèrent être conservés.

Voilà quel fut le résultat le plus clair de la discussion des conservateurs Molé avec les conservateurs Guizot. Il arriva ce qui arrive toujours entre gens qui discutent ; comme des deux parts on se connaissait bien, il y eut des indiscrétions cruelles qui ne furent pas perdues pour le public. Les deux athlètes se retirèrent meurtris, comme dans ces batailles navales où les deux flottes sont si maltraitées, qu'il n'y a ni vainqueurs ni vaincus, et qu'on se hâte de l'un et de l'autre côté, d'entrer dans les ports les plus voisins pour réparer ses avaries. Les chances d'avénement d'un nouveau ministère Molé furent détruites, et les chances de durée du ministère Guizot furent considérablement amoindries.

On crut même un moment qu'il demeurerait sur le terrain. D'abord, plusieurs de ses anciens amis lui avaient fait défaut, parce qu'ils le supposaient mal en cour. La séance d'ouverture, placée sous l'influence d'un astre peu populaire, la dotation, qui s'était montrée à l'horizon de la presse ministérielle, peu de jours avant l'ouverture des Chambres, avait été si froide, que les princes et les princesses, peu flattés de l'accueil du public, s'étaient plaints en entrant. Louis-Philippe lui-même, répétaient les échos, avait dit qu'il voulait un

ministère « sous lequel on pût passer une
revue et entendre crier vive le roi. » En
outre, tous ceux qui avaient gardé le sentiment de l'honneur national, reculaient avec
indignation devant le vote de l'indemnité
Pritchard. Ce qu'on demandait en effet à la
Chambre, c'était un diminutif de ce qu'on
avait demandé aux juges français de nom,
mais non pas de cœur, qui condamnèrent
Jeanne-d'Arc. Les proportions des deux affaires
n'étaient pas les mêmes, puisqu'il s'agissait :
là de brûler, ici de désarmer ; mais leur nature était identique, car il fallait, dans l'un
et l'autre cas, faire donner satisfaction à
l'Angleterre par des juges français chargés
de condamner les Français qui avaient défendu les intérêts de la France. On conçoit
que le cœur leva aux plus honnêtes des députés dynastiques à l'idée de cet or qu'il fal-
fait jeter dans le sang français versé par la
faute de Pritchard, pour indemniser cet
homme, qui avait augmenté le nombre des
veuves et des orphelins que contient la France,
et qui avait été l'instigateur des outrages
prodigués à notre pavillon. La lutte fut vive,

passionnée, et le scrutin ne donna que quatre voix au ministère au-dessus de la simple majorité ; deux cent cinq boules noires protestèrent contre l'indemnité Pritchard, deux cent treize voix la sanctionnèrent ; la majorité absolue était de deux cent neuf boules.

Voilà les auspices sous lesquels l'année 1845 s'est ouverte : faiblesse dans le ministère, faiblesse dans l'opposition. Faiblesse dans le ministère, car la discussion l'avait tué; il n'avait réuni une majorité douteuse qu'en versant la manne des faveurs dans toutes les bouches altérées, et en frappant les fonctionnaires malveillants, comme M. Drouyn de Lhuys, dont la destitution produisit une espèce de terreur parmi les membres de la Chambre qui usaient du budget; faiblesse dans l'opposition, car on avait su que si elle flétrissait avec justice le ministère Guizot, elle ne produisait pas un nouveau système, elle n'avait pas d'hommes préparés à inaugurer une nouvelle politique. Ce que devait donc constater cette session, c'était la décadence du gouvernement représentatif ; car lorsque le ministère perd la majorité et que l'opposition ne la gagne pas, le mécanisme politique du gouvernement représentatif s'arrête, le corps social est dans un état anormal, il y a maladie. M. Guizot trouva, il est vrai, de notables consolations de l'autre côté du détroit. Quand la nouvelle de son modeste succès arriva à Londres, les journaux anglais illustrèrent leurs colonnes de cette annonce en gros caractères : *Triumph of Guizot.* Il semblait qu'il venait de gagner la bataille de Crécy ou de Trafalgar au profit de nos éternels adversaires.

Lorsque, arrivés à la fin de la session ouverte par le vote de l'indemnité Pritchard, nous cherchons des yeux les questions importantes qui y ont été traitées, comme en contemplant une ville de loin, on distingue seulement les dômes des principaux édifices, trois questions ressortent surtout dans ce paysage parlementaire, qu'on nous passe ce terme : la question de l'armement, celle de la liberté religieuse et celle des chemins de fer.

La question de l'armement, c'est la faculté donnée aux gouvernements d'hérisser de canons en un clin d'œil les murailles gigantesques qui nous entourent. La Chambre, il est

vrai, en accordant cette faculté, l'a entourée
de quelques précautions. Mais il est si facile
au pouvoir exécutif, qui a tous les moyens
d'action dans les mains, de violer ou d'éluder
des clauses imposées par le pouvoir législa-
tif, qui n'a aucun moyen de surveillance,
qu'on ne saurait attribuer une grande efficacité aux restrictions mises par les Chambres
à l'autorisation qu'elles ont donnée. Il est un
fait très-remarquable, auquel le vote de la loi
d'armement fournit l'occasion de se produire,
et qu'il importe de rappeler, parce qu'il jette
un grand jour sur la situation des partis dans
ce pays : lorsqu'on nomma la commission,
M. Thiers s'abstint, et M. de Rémusat, son
alter ego, empêcha M. de Lamartine d'être
commissaire. Ainsi M. Thiers, qui a voulu
que les bastilles fussent bâties, a aidé
M. Guizot à les armer, parce que M. Thiers
pense qu'il pourra un jour en avoir besoin. Il
ne faut pas se tromper sur la portée de la loi
de l'armement, c'est une loi de sagesse. Les
bastilles, aux yeux des gens qui nous gouvernent, sont un article 14 en grand. On a armé
l'article 14 en guerre ; voilà la portée de la

mesure. Sur ce point, les ministres sont d'accord ; M. Thiers commence les bastilles par ordonnances, M. Guizot les fait régulariser par une loi, les bâtit et les arme, avec le concours des amis de M. Thiers, qui en voudra peut-être une pour mieux s'en servir. Bombardera-t-on Paris ? Là n'est pas la question. Paris pourra craindre d'être bombardé, il suffit. Les bastilles sont surtout destinées à agir comme une force d'intimidation. Qu'on se représente un homme enfermé dans une prison, sous les fenêtres de laquelle on dresse un échafaud où le bourreau apparaît déjà la hache à la main. Cet homme conservera-t-il son indépendance d'action ? Sera-t-il aussi libre d'accepter ou de refuser les propositions de celui qui tient les clefs de sa prison, et qui, d'un signe, peut mettre en mouvement la hache du bourreau ? Cet homme, c'est Paris, c'est la Chambre, c'est la Presse, c'est la garde nationale, c'est l'opinion. Combien, sous le coup de la crainte de voir Paris bombardé, la Chambre, la Presse, la garde nationale, l'opinion, souffriront de choses qu'elles n'auraient pas souffertes, d'entreprises contre

la liberté nationale, de concessions déshonorantes à l'étranger ? combien d'actes énor-
mes M. Thiers, ministre indiqué d'une régence, ne pourra-t-il pas remettre dans une
situation inquiétée au dehors et troublée au
dedans ? M. Thiers qui ne cache pas ce qu'il
appelle sa faiblesse pour M. Bugeaud.

La seconde question qui a retenti avec
beaucoup d'éclat dans la session de 1845,
c'est la question religieuse ; c'est une chose
remarquable que, dans un siècle qu'on dit in-
différent aux choses religieuses, cette question, dès qu'elle s'est manifestée, a excité un
intérêt universel. Du reste, cela se comprend ;
pour les hommes consciencieux, elle touche
aux intérêts les plus chers de la conscience,
à la liberté la plus précieuse, celle du cœur
et de l'esprit, à la première de toutes les
institutions, à celle qui sert de base à toutes
les autres, à la famille. Pour les sceptiques,
c'est une question malencontreuse. Quand, au
lieu de restreindre cette question aux proportions étroites de la sphère parlementaire,
on l'envisage dans son ensemble, voici ce que
l'on trouve : Dans le monde politique propre-

ment dit, le système ayant à faire accepter
sa volonté comme une espèce de fatalité
dans les limites de laquelle les candidats au
pouvoir s'agitaient pendant qu'il conduisait.
Il fallait donc faire naître un mouvement dont
il ne fût pas maître, afin d'avoir un terrain sur
lequel on pût le dominer. Comme les hommes
de la gauche ne voulaient pas de la liberté
générale, ils ont choisi la question religieuse
pour exciter des passions qui enflassent
leurs voiles, sans que le système pût maî-
triser ces passions à son gré ; c'est alors
qu'on a vu naître ce mouvement irréligieux,
qui, après avoir dirigé ses premières hosti-
lités contre les Jésuites , s'est attaqué au
clergé tout entier, et au catholicisme même.
Le *Constitutionnel* et le *Siècle* ont conduit
ce mouvement en dehors du pouvoir, et toutes les armes ont été bonnes pour faire avan-
cer les idées dans cette route. Les écrivains
politiques de deux journaux qui réunissent
plus de 60,000 abonnés, c'est-à-dire plus de
600,000 lecteurs, et derrière lesquels M. Thiers
est à demi caché ; M. Sue, dans le feuilleton
du *Juif-Errant* ; des professeurs, dans leurs

10

cours, ont pris part à la même entreprise, et
l'on a eu une espèce de croisade contre le catholicisme ; les dogmes les plus essentiels ont
été, non pas philosophiquement controver-
sés, mais passionnément dénoncés comme
une mine de scandales et d'immoralité, par les
plumes les plus avancées de cette coalition, et
le confessionnal et la chaire ont été désignés
comme de graves obstacles qui empêchaient
cette société d'aller à son avenir. Les choses
sont allées si loin, que M. de Metternich, un
de ces augures qui jugent les situations avec
une perspicacité d'autant plus sûre, que ni
l'affection ni la haine n'obscurcissent leurs
jugements, a dit à cette occasion : « Louis-
« Philippe en avait fini avec les questions
« politiques ; mais voici les questions reli-
« gieuses qui se lèvent devant lui, tout est à
« recommencer. »

Dans la Chambre, la question s'est naturellement renfermée dans un cercle plus
étroit, parce qu'il est de la nature de la
Chambre actuelle de rapetisser tout ce qu'elle
touche. Les choses se sont bornées à une tra-
casserie contre les Jésuites, que M. Thiers a

déclarés inadmissibles en France, après avoir
encouragé les progrès de leur marche pendant qu'il était au ministère. Dans ce temps-
là, il n'avait pas besoin d'un terrain contre
M. Guizot. Tout cela a abouti, dans les faits,
à la mission de M. Rossi, mission sur laquelle
on sait tant de choses, qu'on finit par ne rien
savoir : ce qu'il y a de plus probable, c'est que
les Jésuites eux-mêmes ont consenti à dissou-
dre les maisons qu'ils avaient en France, afin
d'ôter un prétexte aux passions, un aliment
aux flammes.

Mais toutes ces idées, après avoir un moment occupé les esprits, ont fini par s'effacer
devant une vaste et matérielle réalité, celle des
chemins de fer. Dès que la discussion a été
ouverte dans les Chambres, l'agiotage est venu
avec la rapidité de la marée, et a tout emporté ;
à mesure que les adjudications approchaient,
le flot allait grossissant. Depuis les actions de
Mississipi et les assignats, on n'avait vu rien
de pareil. C'est la première fois peut-être
qu'on a négocié, non plus des valeurs, mais des
promesses de valeurs ; des chemins de fer in-
tentionnels sont désormais le point de départ

d'opérations colossales ; on a placé son argent, non plus seulement sur les brouillards, mais sur les nuages.

Chose triste à dire, les personnages les plus influents se sont servis de leur position sociale pour gagner à ce grand jeu, qui a remplacé, avec désavantage pour la morale, la rouge et noire, et le trente-et-un, car ces personnages jouaient avec des dés pipés, puisque leur crédit politique leur faisait obtenir des actions de première main, qu'ils vendaient aussitôt avec un bénéfice assuré ; des pairs, des députés, des généraux, des fonctionnaires de tous ordres se sont jetés dans cette orgie du lucre. On les a vus faire antichambre chez les banquiers, avec toute l'humilité qui sied à des solliciteurs de profession, et des Bélisaire presque millionnaires ont tendu la main à S. M. Rotchild Ier, par la grâce de sa caisse, roi de l'époque. Triste roi ! Triste époque! A la suite de l'agiotage, on a vu marcher le cortége de malheurs et de hontes que le jeu traîne à sa suite ; des fortunes scandaleuses, des désastres inouïs, des fuites coupables, de criminels suicides, des aliénations mentales de plus en plus multipliées, de telle sorte qu'il a fallu ajouter un pavillon à une des maisons de santé les plus célèbres de Paris, tant la démence est prompte à en occuper les places. Le spectacle de la Bourse, avec ses joueurs et ses joueuses, est devenu un des plus curieux spectacles de Paris, et le portrait que Boileau a tracé de la joueuse, reprend son à-propos, comme s'il était peint d'hier.

Le feuilleton immoral, cette boutique de mauvais sentiments et de mauvaises idées, inscrite au bas de chaque journal, est venu ajouter de nouveaux ferments à la corruption. Fait remarquable, les mêmes journaux qui ont travaillé à déshonorer notre politique déshonorent notre littérature. La politique de Dubois a ramené les mœurs qui florissaient sous le ministère Dubois, et en reprenant les traditions diplomatiques de la régence, en coupant les ailes à notre gloire, en mettant notre génie aux entraves et notre fortune aux arrêts, on a senti la nécessité de s'ouvrir ces petites maisons, où les amis de la régence oubliaient l'honneur de la France au milieu des orgies. Quel autre nom donner au

10.

Juif-Errant, aux Drames inconnus, à la reine Margot, qui ont tenu le haut bout dans les romans de cette année ? *Les Drames inconnus*, c'est l'intérieur de toutes les maisons équivoques, la peinture sans voile, sans pudeur, de toutes les turpitudes qu'elles cachent, les brelans mystérieux, les honteuses amorces qui y attirent les jeunes gens, les débauches, le vol, les crimes, les trahisons, les meurtres, peints avec un mélange de sang et de boue. *La reine Margot,* c'est un tableau de fantaisie où tous les raffinements de libertinage se rencontrent à côté de tous les raffinements de la cruauté, où la débauche est en bon voisinage avec le meurtre, où l'adultère et l'infanticide se donnent la main.

L'influence inévitable de ces compositions déplorables n'a pas tardé à se faire sentir ; les romanciers ont vu leurs lecteurs et leurs lectrices venir en cour d'assises ; ils ont entendu, de la bouche des condamnés, l'aveu qu'ils avaient pris dans tel ou tel livre, l'idée qui les a conduits au crime ; le masque de poix de Clément, la tour de Nesle, ce repaire infâme où de jeunes ouvriers entraînaient des jeunes filles, étaient des inspirations de romans, et il a été constaté que les feuilletons de certains journaux étaient le vestibule de la cour d'assises. Jamais les crimes n'avaient été aussi nombreux que cette année, surtout les crimes contre les personnes. La statistique de 1845 jette sur ce point de tristes et instructives lumières; il n'y a eu progrès que dans le crime et dans la misère.

Quelques faits accomplis pendant cette année 1845, méritent d'être particulièrement rappelés en dehors de ce grand mouvement.

Le mariage de *Mademoiselle* avec le prince de Lucques fut une fête de famille ; après de si longues tristesses, il a mis la joie au foyer des augustes exilés. Le roi Charles d'Espagne a renoncé à ses droits à la couronne, en faveur de son fils, et s'est retiré en Italie, après avoir fait tout ce qui était en lui pour faciliter une transaction sur la solution possible des problèmes qui se débattent en Espagne. La reine d'Angleterre a fait un voyage en Prusse, et, à son retour, s'est un moment arrêtée à Eu. La grève des ouvriers a donné l'occasion de sonder du regard un des dangers les plus terribles de l'avenir de cette société. Enfin, l'échec essuyé par nos armes en Afrique, a été l'occasion, pour nos jeunes soldats, de faire un acte d'héroïsme admirable, pour M. Bugeaud, de commettre un acte d'inconvenance et de maladresse, pour M. Guizot, de souscrire à une nouvelle lâcheté politique.

Nous avons esquissé à grands traits la physionomie de l'année 1845, sans nous préoccuper des détails. Pour énoncer les fautes, les erreurs, les ridicules, et, parmi ceux-ci la nomination de M. Pasquier comme duc, il faudrait un volume. Mais, malgré nos réticences, nous n'étonnerons personne en constatant qu'une année qui a commencé par le vote de l'indemnité Pritchard, qui a continué par l'armement des bastilles, qui a terminé par l'agiotage, laisse en se retirant un mot dans toutes les bouches : la Réforme !

A MADAME LA DUCHESSE D'ORLÉANS (1).

MADAME,

Nous ne voudrions pas interrompre votre douleur, aussi grande que naturelle, si ce que nous avons à vous dire ne se rattachait à la seule pensée qui tourmente vos veilles et remplit vos journées. Vous voilà donc précipitée du faîte des plus belles espérances dans un abîme de douleurs ! Hier encore, on n'ouvrait autour de vous la bouche que pour vous parler d'avenir ; aujourd'hui, cet avenir si brillant vient d'être scellé dans un tombeau. Il n'y a pas bien longtemps que le voile des jeunes épousées entourait, comme une brillante auréole, votre jeune front; aujourd'hui, le triste et lugubre voile des veuves, assombrissant votre destinée, épaissit ses plis lugubres à l'entour de votre visage noyé de larmes ! Quelles con-

---

(1) Cette lettre a été écrite au mois d'août 1842, et publiée à cette époque par la *Lecture*.

solations offrir dans ces catastrophes subites, qui brisent toute une existence, et comment parler de ces pertes irréparables qui déchirent lés liens les plus étroits de la nature et font au cœur de ces blessures que le temps lui-même ne peut fermer?

Aussi, Madame, ne sont-ce point des consolations que nous venons vous présenter : il n'en est point dans votre position. La pensée qui nous dicte ces lignes est plus chrétienne et plus haute. Nous laissons de côté la politique, qui ne voit dans l'événement du 13 juillet qu'un de ces coups de tonnerre par lesquels Dieu renverse, pour n'écouter que la religion qui nous apprend que c'est souvent aussi par de pareils coups de tonnerre que Dieu instruit et éclaire les âmes de son choix, de sorte, comme dit l'évêque de Meaux, que ce qui avait d'abord paru être l'effet d'un jugement de colère, était au fond l'effet d'un jugement de miséricorde. Puisse-t-il, Madame, en être ainsi pour Votre Altesse Royale, et Dieu veuille que le commencement d'un grand changement sorte pour elle d'un si terrible malheur !

La religion, Madame la duchesse, est comme

ces armes dont on n'apprécie la trempe qu'a-
près s'en être servi dans le combat ; le combat dans lequel on éprouve la religion, c'est
le malheur. En présence de ce malheur si
grand, de cette mort si soudaine et si impré-
vue, de ce tombeau qui, semblable à une em-
bûche secrète cachée sous les pas du prince,
votre mari, l'a enseveli tout à coup, quels
secours vous a fournis votre religion? Hélas !
ce n'est que par des larmes que vous pouvez
nous répondre ; car cette religion sans en-
trailles n'a pas fait briller, pour vous, la moin-
dre lueur d'espérance, au milieu de cet immense désespoir. Elle vous a dit que le prince
était sauvé ou perdu, mais que vous ne pou-
viez rien pour lui. Rien pour celui qu'on a
aimé de toute la puissance de son être ! rien
pour cette âme qui est devant Dieu, pendant
que le corps, déjà déformé par la mort, est
couché dans le cercueil ! rien pour celui qu'on
appelait dans les doux rêves de ses jeunes
années, et qu'on aimait déjà avant qu'on pût
le nommer ! rien pour celui qui, pendant sa
vie, a été tout pour vous ! rien pour cette
âme avec laquelle on ne formait qu'une âme !

rien pour celui à qui l'on a dû le bonheur d'être mère ; pour le père de ces orphelins, qui, sans connaître l'étendue de leur perte, jouent pendant que vous pleurez, ou dorment tranquilles auprès de vous !

Madame, cette doctrine est dure et cruelle ; si vous ne le disiez pas avec nous, vous seriez désavouée par votre cœur. Elle est contraire à la bonté de Dieu, contraire aux sentiments d'ineffable charité qu'il a mis dans le cœur des hommes ; et pourtant cette doctrine est celle que les docteurs de votre religion enseignent. Dans votre Église, on ne prie point pour les morts.

Nous ne voulons point ici reprocher à vos ministres d'avoir mis en oubli les exemples du christianisme primitif et les paroles des Pères ; les paroles de Tertullien, le plus ancien docteur de l'Église latine, qui donnait à une veuve chrétienne l'avis « de prier pour « l'âme de son mari défunt, de demander « pour lui le repos et la participation aux sain- « tes délices du ciel, de présenter des obla- « tions pour l'anniversaire de sa mort, toutes « prescriptions dont l'oubli entraînerait une

« sorte de divorce entre la femme oublieuse
« et le mari oublié; » les paroles d'un saint
« Épiphane, qui disait dans le deuxième siècle :
« Les morts reçoivent du soulagement de la
« prière offerte pour eux, quoiqu'elle ne dé-
« truise point leurs fautes; » les paroles d'un
saint Ambroise, qui s'écriait : « Accordez, ô
« Seigneur! le repos à votre serviteur Théo-
« dose, ce repos que vous avez préparé pour
« vos saints. Que son âme s'élève vers ce lieu
« où elle ne pourra plus craindre l'aiguillon
« de la mort. Je l'ai aimé, je veux donc le
« suivre dans la terre des vivants ; je ne l'a-
« bandonnerai point jusqu'à ce que, par mes
« prières et mes lamentations, il ait été admis
« sur la sainte Montagne du Seigneur où ses
» mérites l'appellent. » Que dirons-nous : les
paroles de tous les Pères, de tous les saints
de l'Église de l'Orient comme de l'Église de
l'Occident, d'un saint Cyrille de Jérusalem,
qui disait : « L'âme de ceux pour qui nous
« offrons des prières reçoit un grand soula-
« gement, quand la sainte et formidable vic-
« time repose sur l'autel; » celles d'un saint

11

Ephrem d'Edesse, qui, dans l'expression de ses dernières volontés et de ses vœux suprêmes, disait à ses frères : « Lorsque le tren- « tième jour sera accompli, souvenez-vous « tous de moi, car les offrandes des vivants « aident les morts. »

Ce ne sont point là, Madame la duchesse, les moyens que nous voulons employer auprès de vous ; ce ne sont point des autorités, des textes, des raisonnements, que nous venons invoquer auprès d'une veuve en larmes. Nous ne voulons nous adresser qu'à votre cœur. Dans cette circonstance solennelle de votre vie, qu'il soit le juge des deux religions, des deux Églises. Dites si les croyances que le protestantisme impose à la veuve luthérienne sont compatibles avec les instincts naturels du cœur humain, ce révélateur secret que Dieu a mis en nous, et dont les oracles, malgré la corruption de notre nature, ont conservé tant d'autorité ? Dites si cette pensée, que la charité que Dieu nous prescrit envers nos proches, ne doit pas s'étendre au delà des limites étroites de cette courte existence, est conforme à l'idée que la religion nous donne de la bonté infinie de Dieu ? Dites s'il est possible d'admettre qu'il y ait un crime de la part d'une mère à prier pour son enfant, de la part d'une veuve à prier pour son époux ?

Déplorable condition de la veuve protestante ! Elle a perdu un époux bien-aimé, ses affections les plus chères, ses chastes délices. Qu'elle pleure ! on ne lui interdit pas les larmes ; mais elle ne versera que des larmes sans consolation, de ces larmes qui rendent la douleur plus amère. Quand elle sentira son cœur plein de prières prêtes à s'élancer vers Dieu pour celui qu'elle a tant aimé, il faudra qu'elle mette les deux mains sur son cœur, qu'elle arrête ces élans qui emportent son âme vers le trône de Dieu, afin de lui demander l'éternel bonheur de celui qu'elle a perdu. Elle aurait tout donné, l'épouse douloureuse, pour assister aux derniers moments du bien-aimé de ses jeunes années ; pour lui offrir, d'une main accoutumée, les derniers secours ; pour verser le dernier breuvage qu'il a bu ; pour soutenir sa tête languissante ; pour avoir le dernier regard de ses yeux, la dernière

pression de sa main. Une fatale absence l'a
privée de cette consolation qui, toute stérile
qu'elle soit, eût été douce à son cœur, et
maintenant voici qu'une doctrine cruelle,
impitoyable, aride, lui défend de soutenir,
non plus cette tête qui se penche sous le
poids de la mort, mais cette âme qui suc-
combe sous le poids de ses fautes; de donner
un peu de rafraîchissement, non plus à cette
agonie, mais à cette vie nouvelle qui sera
heureuse sans qu'elle ait pu contribuer à son
bonheur, ou malheureuse sans qu'elle ait pu
adoucir et abréger ses souffrances. Ses yeux
se fondent en pleurs, son âme monte vers
Dieu, ses mains se joignent d'elles-mêmes,
elle tombe à genoux, elle va prier, mais le
protestantisme vient se mettre entre les mystères redoutables du tombeau et les miséri-
cordes de l'autel, en lui criant de sa rude
voix : « Femme, tu ne prieras point; tes
prières, inutiles aux morts que tu as aimés,
seraient une offense contre Dieu. »

Ah! Madame, Madame, une religion qui
parle ainsi ne saurait être vraie. Laissez-vous
aller au mouvement de votre âme : tombez à

genoux devant le sépulcre de celui que vous
avez tant aimé ; auprès de ces chères dépouilles, Madame, vous êtes catholique dans
le cœur ; car le catholicisme vous permet, et
même vous ordonne de prier pour lui. L'é-
pouse catholique n'est jamais veuve qu'à
demi : celui qu'elle ne verra plus sur la terre,
elle le retrouve au pied des autels. La prière,
plus forte que la mort, rattache les liens que
celle-ci a brisés, et l'amour unit dans le sein
de Dieu ceux que la religion avait unis sur la
terre par la plus sacrée et la plus indissoluble
des chaînes.

« La nature elle-même, » comme le dit un
illustre évêque (1), « semble se révolter à la
« pensée que les liens d'une affection tendre
« et vraie, qui a uni deux âmes pendant cette
« vie terrestre, puissent être brisés sans re-
« tour par la main de la mort, qui a perdu
« son aiguillon depuis la victoire de la croix.
« Mais ce n'est point à la dépouille froide et
« défigurée des morts que s'attache cette
« affection qui résiste à la grande épreuve du

(1) Monseigneur Wiseman.

« tombeau : c'est une douleur toute terrestre,
« une douleur où il n'y a rien de chrétien,
« que celle qui ne sait que se répandre en
« sanglots, lorsque la tombe vient à se fermer
« sur le cercueil qui contient les dépouilles
« d'une personne bien chère. L'âme s'élève
« dans la sphère d'une affection plus spiri-
« tuelle, et ce sont les liens qui l'attachaient
« à l'esprit qui vient de s'envoler qu'elle ne
« veut point consentir à croire pour jamais
« brisés. Aussi froide et aussi sombre que la
« voûte du sépulcre, elle nous glace le cœur
« cette idée désolante que tous les rapports
« sympathiques des âmes se rompent au mo-
« ment où le corps se dissout, et qu'il n'y a
« plus lieu à un échange d'affections et de
« services mutuels entre ceux qui dorment
« du dernier sommeil, et ceux qui, pendant
« quelques moments encore, jettent des fleurs
« sur leurs tombeaux. Mais quelle douce
« consolation pour le mourant, lorsque le sou-
« venir de ses fragilités lui revient à la mé-
« moire, que de pouvoir penser que, mainte-
« nant même que les courtes heures pendant
« lesquelles il lui a été donné de mériter de-

« vant Dieu touchent à leur terme, d'autres
« hommes pourront intercéder pour lui !
« Quelle douce joie aussi pour ceux qui lui
« survivent, pour une mère, une sœur, une
« épouse, que de savoir qu'au lieu de larmes
« stériles, elles possèdent un moyen puissant
« de soulager efficacement celui qu'elles ont
« perdu, et de l'enfanter par une prière fé-
« conde au bonheur éternel. Ce sentiment est
« si puissant que, dans les premiers moments
« d'une grande douleur, il a fait souvent flé-
« chir le genou à l'incrédule, et lui a arra-
« ché une prière involontaire pour le repos
« de celui qu'il avait aimé. Il y a un instinct
« de la nature qui coïncide ici avec une vérité
« révélée ; mais cet instinct n'est qu'une lueur
« douteuse et mélancolique, assez semblable à
« ces feux errants qui brillent de temps à au-
« tre, par une nuit sombre, au-dessus des tom-
« beaux ; tandis que le sentiment catholique,
« si précis, si clair, si fondé en raison, res-
« semble à ces lampes sacrées dont les clar-
« tés éternelles illuminent les sépulcres des
« morts. »

Qu'ajouterons-nous à ces belles paroles?

Deux mots seulement, Madame. Veuve du duc d'Orléans, mère du comte de Paris et du duc de Chartres, soyez de la religion du tombeau de votre mari et du berceau de vos enfants.

FIN.

Imp. de H. VRAYET DE SURCY et Cᵉ, rue de Sèvres, 37.